사십년 만에 떠난 여행

사십년 만에 떠난 여행

이선 수필집

이든북

| 첫머리말 |

산다는 것은 긴 여행길

    산다는 것은 긴 여행을 하는 것이다. 때로는 고달파서 지루하기도 했지만 지나고 보니 순간처럼 비켜 지나갔다. 남편과 함께 나선 여행길에서 두 아들과 며느리, 손자와 손녀들이 생겼으니 얻은 것도 참 많다.

    그 동안 여행은 수없이 많이 다녔지만, 둘이서는 당일 여행만 했다. 그는 늘 가족과 함께 가는 것을 좋아했고, 지인들과 동행하기를 좋아했다. 그래서 늘 여행은 가족여행이나 지인들과의 친목여행, 아니면 직장동료들과의 직원여행이었다.

    그러다가 그이와 만난 지 40년 만에 처음으로 둘만의 여행길에 나섰다. 결혼 40주년을 기념하는 뜻이기도 했다. 안 갔으면 정말 후회할 뻔 했던 3박 4일간의 여행이었다. 그 뒤로 한 달에 한두 번 자주 여행을 다녔다. 그러나 그것은 꿈처럼 지나갔다. 언제까지나 동행하리라고 믿었던 남편은 혼자서 먼 길을 홀연히 떠났다.

    가끔 그이와 함께 지나온 날이 그립기도 하고 궁금하기도 해서

 한 편 한 편 읽어보았다. 어설프지만 글속에는 지나간 추억들이 담담하게 담겨있다. 나의 평범한 일상을 그대로 써놓은 글들을 내놓기가 부끄러워 망설여진다. 이제는 걸어온 길을 정리하고 새로운 여정을 또 가야할 때가 된 것 같아서 책을 펴내기로 한다.

 글의 소재는 소박하고 누구나 겪는 일들이다. 여행기를 더 많이 썼더라면 좋은 추억이 되었을 텐데 다 쓰지 못해서 아쉽다. 그동안 시집은 다섯 번 지어냈지만 수필은 두 번째다. 첫 번째 수필집에 넣지 못했던 것도 몇 편 끼어 넣었다. 또 73세 생일을 맞는 내 생일 선물이기도 하다.

 부족한 표현이지만 독자들이 읽고 공감할 글이 한 편이라도 있었으면 하는 바람이다. 글감을 제공해 주고 좋은 추억을 남겨준 남편에게 감사하고, 언제나 제자리를 지켜주는 아들 며느리와 사랑하는 손자 손녀에게 추억을 남겨 주고 싶다. 또 수필을 놓지 않고 쓸 수 있도록 이끌어준 수필 동인들께 감사드린다.

| 차례 |

첫머리말 산다는 것은 긴 여행길   4

첫째마당 무작정 떠난 제주 여행

무작정 떠난 제주 여행	13
게발선인장	23
숲속의 집시	27
행복한 나들이	31
이별, 그리고 만남	35
큐우수우에 다녀와서	39
식구	44
소리가 있는 낙원	48
홀로 서기	52
행복의 조건	57
난을 바라보며	60
움집	64

둘째 마당 신화의 나라 그리스

신화의 나라 그리스	69
어느 토요일	79
배터리	84
사십년 만에 떠난 여행	87
등산로	97
운 좋은 날	100
살아 움직이는 상하이	104
우리 집 있는 이	109
지리산을 따라	112
썩은 복숭아	117
노을	120
마더 데레사 효과	123

| 차례 |

셋째 마당 일흔에 내가 나에게 준 선물

일흔에 내가 나에게 준 선물	129
동양의 베니스 소주	141
목걸이 명찰	148
돌고 도는 것이 돈이라지만	152
지상천국 캐나다	155
행복동 1번지	162
종심	165
추억이 담긴 까치집	168
러브스토리	171
건망증	174
내 집 마련	179
천사들의 손	183

넷째 마당 지상의 낙원 천섬에서

지상의 낙원 천섬에서	187
쑥국	192
여백	195
늦둥이	200
관광의 도시항주	203
뿌리	209
그리움이 쌓여서	212
가시	217
가을의 길목에서	220
불청객	225
애꾸눈 왕의 초상화	230

첫째 마당

무작정 떠난 제주 여행

무작정 떠난 제주 여행

1

 어디론가 떠나고 싶었다. 명절 때마다 가던 여행도 지난 설에는 가지 않아서인지 마음이 허전했다. 그러던 차에 아들이 가고 싶은 데 없느냐고 물었다. 갑작스런 질문에 망설이다가 떠오른 곳은 제주도였다. 아들은 제주도는 바람이 많이 불어 어려울 것 같다면서 일기예보를 알아보았다. 이번 주 내내 날씨가 아주 좋으니 당장 가자고 했다.

 아침밥을 먹다가 서둘러 준비를 하고 출발했다. 차를 가지고 가야하기 때문에 완도 여객 터미널로 내달렸다. 휴게소도 들르지 않고 갔더니 시간 안에 도착했다. 근처의 식당에서 점심을 먹고 선착장에 가서 차를 배에 실었다. 오후 4시에 제주행 카페리 1호가 출발했다.

여고 3학년 때 수학여행을 가느라 배를 타보고 50년 만에 탔다. 제주도를 여러 번 다녀왔지만 비행기로만 갔기 때문이다. 그 추억이 새록새록 떠올랐다. 그 때는 파도가 심해서 모두 멀미를 했다. 어떤 친구는 참지 못해 엉엉 울기도 했다. 오늘은 바람 한 점 없이 잔잔한 바다에 물비늘만 은가루를 뿌려놓은 듯 반짝거렸다. 배는 물위에 정박해 놓은 것 같았다. 쪽빛하늘과 바다가 하나 되어 가슴이 탁 트이는 듯 시원했다. 출발하기를 참 잘했다는 생각이 들었다.

겨울해라 제주에 도착하니 캄캄한 거리에 가로등 불빛만 환하다. 미리 정하지 못해 가면서 예약을 한 숙소를 찾아갔다. 갑자기 정했는데 운이 좋았다. 그림 같은 펜션이 우리를 반겼다. 비수기라 값도 싸고 마음에 딱 들었다. 호텔 못지않게 정리된 침실이며 깨끗한 화장실에 차곡차곡 놓인 수건, 잘 꾸며진 거실에 대형 텔레비전까지 모두 마음에 들었다. 서둘러 오느라 좀 지친 여정을 풀었다. 내일 어디를 갈 것인지 아들 내외는 검색하느라 바쁘다. 잠자리가 바뀌면 자지 못하는데 오느라 피곤했는지 초저녁부터 졸렸다.

2

제주에서의 첫날이 밝았다. 공기가 맑고 방이 따뜻해서인지 들락거리던 화장실도 가지 않고 푹 잤다. 베란다로 나가 보니 제주의 시골 풍광이 한 눈에 들어온다. 이곳에서 그냥 눌러 살고 싶다.

오늘 첫 코스는 이시돌 목장에 있는 '새미 은총의 동산'이다. 평소에 가보고 싶었던 곳이다. 예수님의 공생활을 테마로 한 예수 생애 공원과 십자가의 길이 완성되었다. 은총의 동산 동쪽에는 '삼위일체 성당'이 있다. 1,800여명을 수용할 수 있는 실내 성당과 4,000여 명이 함께 미사를 드릴 수 있는 십자가 형태의 야외 성당이다.

차에서 내리니 날씨가 쌀쌀했다. 먼저 도착한 관광버스에서 순례자들이 내렸다. 안내판을 읽는 동안 그들은 어디론가 가버렸다. 삼위일체 성당을 찾아 두리번거리는데 수녀님을 만나 길을 물어서 갔다. 약간 살벌한 느낌을 주기도 했지만 성당 안에 들어가니 마음이 편안했다. 기도를 드리고 밖으로 나왔다. 워낙 넓어 바람이 차가웠다. 십자가의 길을 따라 한 바퀴 돌아보려고 하다가 시간이 많이 걸릴 것 같아 예수 생애 공원을 돌아 나왔다.

제주도에 오면 꼭 들르는 곳이 있다. 한림 공원이다. 입구에 들어서니 야자수와 선인장으로 가꾸어진 야자수 길은 마치 남국에 온 것 같다. 몇 번을 와도 새로운 느낌이다. 길을 따라 돌다 보면 협재 동굴과 쌍용동굴이 있다. 규모는 크지 않지만 석순과 종류석이 자라고 있어 천연 기념물로 지정된 곳이다. 공원을 둘러보던 아이들은 뉴질랜드에 다시 온 것 같다고 했다. 이곳만 둘러보아도 제주도를 다 본 것 같다.

마지막 코스인 민속마을에 들렀다. 아들은 아이들에게 제주도 집의 특성을 설명해 주었다. 처음보는 아이들은 신기한 모양이다. 공원을 한 바퀴 돌고 나면 시장할 관광객들을 위해 조그만 식당이 마련돼 있다. 밖에 나가서 식당을 찾는 일도 번거로우니 그곳에서 먹기로 했다. 기대했던 만큼 맛은 없었지만 그런대로 괜찮았다. 식당 안이 북적거리는 것을 보니, 이곳을 방문한 사람들은 대부분 이 식당에서 식사를 하는 것 같았다.

  오후에는 '금릉 해수욕장' 주변 해안 도로를 드라이브하기로 했다. 쪽빛 하늘과 바다가 눈부셨다. 겨울 제주의 날씨가 이렇게 좋기는 드물다고 했다. 그래도 바닷가라 찬바람이 있어 나는 차에서 내리지 않았다. 며느리와 손자 손녀는 물 만난 물고기처럼 해변을 거닐며 신바람이 났다. 참 보기 좋았다. 바람은 잔물결을 흔들며 그들의 머리칼을 헤집었다. 바다와 모래와 맑은 하늘에 심취한 아이들은 바람 따위야 아랑곳하지 않고 차에 오를 생각이 없다.

  다시 찾은 곳은 주상절리다. 신이 준 천연 조각품이다. 누가 그 묘한 조각품을 만들어 낼 수 있을까? 푸른 바다와 부딪치는 하얀 파도와의 만남으로 더욱 절묘한 풍경이다. 어느새 제주의 해도 바다로 기울기 시작한다.

3

둘째 날이다. 아침에 눈을 뜨고 창문을 여니 상큼한 제주의 냄새가 물씬 풍긴다. 하늘을 붉게 물들이며 떠오르는 아침 해가 눈부시다. 천국이 따로 없다. 바람은 싸늘했지만 겨울 날씨 치고는 푹했다. 이층으로 올라온 아들은 화려한 일출을 폰에 담았다.

어제 준비해 놓은 걸로 아침 식사를 간단히 하고 숙소를 나섰다. 돌아서기 아쉬웠다. 숙소에서 가까운 초콜릿 체험장을 찾았다. 너무 일찍 도착해 먼저 공장 안을 둘러본 뒤 아이들은 초콜릿 만들기 체험을 하고 자기가 만든 것을 들고 나오며 신기해했다. 들어가기 전에 사지 않는다고 다짐했지만 며느리는 성당 어르신들에게 선물로 드리라고 몇 상자를 샀다. 마음 씀이 기특하고 고마웠다.

엊그제 먼저 다녀간 작은 며느리가 추천한 제주의 3대 폭포 중 하나인 정방폭포로 향했다. 폭포가 바다로 직접 떨어지는 동양에서 유일한 폭포란다. 23m의 높이에서 떨어지는 폭포는 마치 하늘에 비단을 펼쳐 놓은 듯 했다. 폭포 절벽에는 진나라 사신이 불로초를 구하러 한라산에 왔다가 구하지 못하고 '서불과차徐市過此'라는 글자를 새겨 놓았단다. 시원하게 떨어지는 하얀 물줄기가 처음인 듯 새로웠다. 자연은 언제나 그대로이지만 올 때마다 새롭다.

폭포 근처에 있는 새섬으로 발길을 돌렸다. 입구에 아름다운 새연교가 우리를 섬으로 안내했다. 조그만 섬이지만 바다를 두르고 만들어 놓은 둘레길은 마음까지 파랗게 물들였다. 아직 점심때도 되지 않았으니 어디로 갈까 망설이다가 10여 년 전에 온 가족이 함께 갔던 우리나라의 최남단 마라도를 다시 가 보기로 했다. 부지런히 가면 12시 40분에 출발하는 배를 탈 수 있을 것 같았다.

선착장에 도착하니 아직 20여분 여유가 있었다. 표를 사고 바다를 둘러보았다. 잔잔한 바다 멀리 가파도와 형제 섬이 둥실 떠 있다. 바다 바람은 옷자락을 파고들었다. 배로 30여분이면 도착한다. 다른 섬과 달리 해변이나 제방이 없고 검은색 바위가 두텁게 싸인 섬이다. 마라도에는 바람과 자장면과 해물짬봉이 기다리고 있다. 거기에 아이보리 물결을 이루는 억새밭이 추임새를 넣는다. 날씨가 화창해 짙푸른 하늘과 바다, 그리고 일렁이는 억새가 한 폭의 동양화를 그린다.

다시 제주로 돌아가는 배를 타려면 부지런히 섬을 돌아 자장면 한 그릇 마파람에 게눈 감추듯 후루룩 먹고 나서야 한다. 며느리가 텔레비전에서 보았다는 '백년 식당'에 가서 자장면과 해물짬봉을 먹었다. 날아갈 듯 부는 바람에 옷자락을 움켜쥐고 돌다 보면 최남단 표지석이 나타난다. 이곳에 왔다는 증거를 카메라에 담았다. 근처 아담한 성당에도 들렀다. 지난번에 왔을 때 보이지 않았던 건물들이 군데군데 들어섰다.

시리도록 맑은 하늘에서 그가 환한 미소로 내려다보는 것 같다.

그의 회갑이라 온 가족이 왔을 때 돌쟁이 손자가 이제 열다섯 살이 되었다. 그날도 할아버지는 손자 감기 들까 봐 그 아이만 감싸 안고 섬은 둘러보지도 않았다. 우리들만 바람을 안고 돌아다녔던 생각이 난다. 손자는 그 기억을 할 리 만무하다. 이렇게 좋은 날 동행했으면 좋으련만 갑자기 그리움이 파도처럼 밀려왔다.

다시 제주로 돌아오니 아직 해가 남은 시각이었다. 이르지만 숙소로 향하는데 궁금했던 산방굴사가 눈에 들어왔다. 50년 전 고등학교 3학년 때 수학여행을 와서 들른 곳이다. 그 뒤 여러 번 제주에 왔지만 한 번도 들르지 않았다. 내쳐 지나는 아들에게 그곳에 가보고 싶다고 했더니 차를 돌렸다. 그 때는 산 중턱에 산방굴사만 있었는데 산 아래 새로 지은 사찰이 보였다. 계단을 따라 오르니 옛 모습 그대로의 굴사가 우리를 반겼다. 헉헉거리며 올라와 숨을 고르고 약수한 종구라기 마셨더니 달콤한 물맛에 뱃속까지 시원했다. 산방굴사에서 내려다보니 해변 둘레길이 한눈에 들어왔다.

제주에서의 마지막 숙소로 향했다. 가는 길에 사려니 숲길을 지났다. 삼나무로 조성된 이 숲길은 마치 이국땅에 온 듯 했다. 차에서 내려 걸어보고 싶었지만 늦은 시각이라 그냥 지나쳐 아쉬웠다. 숙소에 들어가면 저녁식사를 할 수 없으니 식당을 찾아보았다. 캄캄한 시골길이라 가늠이 안 되지만 내비게이션의 안내에 따라 가보니 '생이소리'라는 식당이 눈에 들어왔다. 정갈하고 싱싱한 제주의 밥상이 마음에 들었다. 우리는 푸짐하게 식사를 하고 내일 아침에 먹을 것을 포장해 가지고 왔다.

어둠을 가르며 도착한 '절물휴양림'의 맑은 밤공기가 예사롭지 않았다. 막힌 코가 펑 뚫리는 듯했다. 볼을 스치는 찬바람조차 정겹다. 깔끔하게 꾸며진 숙소 역시 흐뭇했다. 도심의 호화 호텔보다 더 좋았다. 창문을 열고 내다보았지만 어둠에 가려 아무것도 보이지 않고 숲 향기만 솔솔 들어왔다. 제주에서의 마지막 밤이 깊어갔다.

───── 4

아쉽지만 여행을 마무리해야 하는 날이다. 커튼을 걷고 밖을 내다보니, 울창한 숲이 한눈에 들어온다. 산책로를 따라 가니 '숲 체험장'이 보인다. 호기심 많은 손녀는 그곳에서 체험을 한다고 했다. 며느리는 그 애와 함께 만들기를 하는 동안 아들과 손자와 함께 숲을 둘러보았다. 한참을 가다 보니 고라니 두 마리가 어슬렁거리며 산책을 하고 있다. 사람과 마주쳐도 도망가지 않고 유유자적 숲을 돌아다니는 것이 신기했다. 저절로 마음이 평안해진다. 무념무상으로 맑고 신선한 숲의 공기만 시원스럽게 스며들 뿐이다. 이곳에서 그대로 머물고 싶었다.

하지만 제주도를 처음 온 손자 손녀들에게 더 보여줄 것이 있어

서둘러 나왔다. 또 다시 제주도를 찾을 기회가 있으면 이곳에 다시 오고 싶다. 짐을 챙기고 우리나라에서 유일한 마르(marr)형의 분화구인 산굼부리 분화구로 향했다. 이곳은 용암이나 화산재를 분출하지 않고 열기의 폭발로 암석을 날려 구멍만 남게 된 분화구다. 산굼부리는 화산체의 분화구를 말하는 제주도 말이다. 백록담 화구보다 더 크지만 물이 고여 있지 않다.

오후부터 제주도에 비소식이 있어서인지 분화구를 오르는 길은 바람이 찼다. 더 자세히 둘러보고 싶지만 바짓가랑이 속으로 파고드는 싸늘한 바람에 지름길로 내려왔다. 며느리와 아이들은 추운 줄도 모르고 신비한 절경에 푹 빠졌다.

일찍 서둘러 나와서 아직 시간 여유가 있다. 마지막으로 제주자연사박물관을 찾았다. 아이들은 다른 박물관에서 볼 수 없는 제주의 풍습이라든가 대형 물고기들의 모습을 보며 신기한가 보다. 한 바퀴 둘러보고 나오는데 중국 관광객들을 실은 대형 버스가 들어왔다. 제주를 상징하는 기마병들의 퍼레이드가 펼쳐지기도 했다. 아이들은 말을 타 보고 싶은 모양이다. 뉴질랜드 여행에서 많이 탔으니 그만 가자는 아비의 말에 박물관을 나왔다.

무작정 떠난 3박 4일 간의 여행은 즐거웠다. 다만 작은 아들네 식구들과 동행을 하지 못해 좀 아쉬웠다. 조지 맥도날도는 '이 세상에 태어나 우리가 경험하는 가장 멋진 일은 가족의 사랑을 배우는 것이다.' 라고 했다. 또 '행복한 가정은 미리 누리는 천국'이라는 말이 떠오른다. 가족이란 이렇게 함께 할 때 더 사랑이 두터워진다. 여행을 통해서 서로가 배려하고 소중하게 여기는 마음이 커진다. 앞으로 기회가 되면 더 많은 가족 여행을 해야겠다.

게발 선인장

완연한 봄 날씨가 화창하다. 베란다에 봄볕이 길게 누워서 하품을 한다. 왠지 허전해 보였다. 봄볕에게 할 일을 주고 싶었다. 마침 장날이었다. 아파트 근처에 목요일마다 장이 선다. 지난봄에 그 장터에서 꽃을 파는 것을 본 생각이 났다.

밀차를 끌고 시장에 갔다. 먹거리는 눈에 들어오지 않고 화사하게 피어있는 꽃들이 눈길을 끌어당겼다. 예쁜 것들이 너무 많아 모두 사고 싶었다. 그중에서 향기 좋은 히아신스를 비롯해서 작은 화분 몇 개를 골랐다. 거기에 게발선인장도 있었다. 그것은 잎 끝에 빨간 꽃봉오리를 다달다달 매달고 있었다. 집에 가져오면 바로 예쁜 꽃이 필 것 같았다.

볕 좋은 베란다에 그들을 놓고 아침마다 쳐다보았다. 제일 먼저 꽃을 피우리라고 생각했던 게발선인장은 몇 주가 지나도 필 기미가 보이지 않았다. 사흘 때 모습 그대로였다. '이거 피지 못하는 약을 준 것 아닌가?' 하는 생각이 들기도 했다. 다른 꽃들은 이미 피어서 지고 있는데 필 생각이 없는 것 같아서 조바심이 났다.

그러던 어느 날 아침 작은 봉오리 하나가 터지기 시작했다. 그러더니 그 다음날엔 질투라도 하듯 이파리 끝에 물고 있던 봉오리에서 연속으로 꽃이 피었다. 그제야 게발선인장의 진면목을 보여 주었다. 조그만 화분이 빨갛게 타오르듯 꽃이 만발했다. 사진을 찍어서 가족 카톡방에 올리고, 지인들에게도 보내 줬다. 아침이면 제일 먼저 게발선인장이 나의 눈길을 사로잡는다.

이렇게 때가 되면 피어날 것을 안달하면서 꽃장수에게 속았다며 의심까지 했다. 어찌 꽃뿐이랴. 모든 것은 다 때가 되어야 제 할 일을 한다. 발효음식도 시간이 지나야 제 맛을 내듯, 성급히 서두른다고 되는 것은 아무것도 없다.

문득 어리광쟁이 손녀 민이가 떠올랐다. 민이는 늘 어리광스런 말투로 말을 하기에 나는 이제 나이를 먹었으니 말을 똑똑하게 하라고 충고를 자주 했다. 그래도 그 애의 말투는 좀처럼 변하지 않았다. '무엇인가 관심을 더 받기 위해서일까?' 하는 생각을 하면서도 걱정 아닌 걱정을 하기도 했다.

그러던 어느 날, 민이에게서 동영상이 왔다. 그것을 보는 순간 깜짝 놀랐다. 중학교에 들어간 민이가 전교 부회장에 출마하기 위한 선거운동을 하는 동영상이다. 부회장을 1학년과 2학년에서 한 명씩 선출하는 모양이었다. 어리광 섞인 목소리는 어디 갔는지 또랑또랑하게 제 의견을 발표하는 것이었다. 그 모습을 보니 얼마나 기특한지 눈물이 나왔다. '어쩜 이렇게 똘똘할까?' 갑자기 손녀 바보가 되어 세상에서 내 손녀가 제일인 것 같았다. 나이가 들어서인지 아이들이 사랑스러워서인지 손자 손녀들의 목소리만 들어도 눈물이 핑 돌곤 한다.

오래 전, 어머니께서 손자들의 재롱을 보고 웃다가 웃으시다가를 반복하셨던 모습이 떠올랐다. 큰아들이 유치원에서 배운 것을 집에 와서 달달 외는 것을 보시던 어머니께서는 박장대소를 하시다가 끝내는 눈물을 흘리셨다. 또 큰아이에 비해 말문이 늦게 터진 작은 아이가 갑자기 텔레비전에 나오는 글자를 읽자 천재라도 발견한 듯 어머니는 놀라시어 웃으시다가 눈물을 흘리셨다. 물론 나도 신기하기는 했지만 '어머니는 별걸 다 보고 우시네.' 하고 생각했다.

큰아들은 걷기보다 말을 일찍 했다. 반면 작은 아들은 걷기는 일찍 했으나 말은 형보다 좀 늦게 했다. 물론 걷는 것이 늦은 게 아니라 말문이 다른 아이보다 일찍 터진 셈이고, 작은 아이는 말이 늦은 게 아니라 말보다 걷기를 먼저 했을 뿐이다. 그 때도 어른들은 '얘는 왜 아직 걷지를 못해? 얘는 왜 말이 이렇게 늦어?' 하면서 걱정을 했다. 그러나 그 애들은 성장하여 걷거나 말하는데 아무 지장이 없다.

어른들이 기다려주지 못하고 너무 성급했을 뿐이다.

게발선인장에게서 자연의 순리를 배운다. '모든 것은 때가 있다.'는 라틴어 명언이 있듯이 꽃도 피고 질 때가 있고 사람도 때가 되어야 제 할 일을 할 수 있다. 성급하게 서둘러서 핀 꽃은 생기를 잃은 채 꽃의 구실을 잃었다. 그러나 늦게 핀 게발선인장 꽃이 집안을 환하게 밝히고 있다.

우리의 삶은 장거리 달리기와 같다. 멀리 내다보며 사는 지혜가 필요하다. 장거리 선수가 출발이 늦다고 해서 꼴찌가 아니듯 좀 늦더라도 기다려 주는 마음의 여유를 가져야겠다. 곱게 핀 게발선인장 꽃잎 사이에서 예쁘고 당당하게 자란 손녀의 웃음소리가 까르르 들려오는 아침이다.

숲속의 집시

 코로나 19로 인해 1년 동안 외출을 마음대로 할 수 없으니 여행은 전혀 가지 못했다. 집안에서 제일 친해진 것이 텔레비전이다. 여행을 못 가는 대신 EBS에서 방영하는 '세계 테마 기행'을 즐겨본다. 거실에서 세계 여행을 하는 것도 그런대로 흥미가 있다.
 오늘도 TV채널을 EBS에 고정시켰다. 라오스 어느 숲속에 떵루 망족이라는 소수 민족이 살고 있었다. 오랜만에 생필품을 사러 장터로 나온 사내는 낯선 여행 작가의 제의를 받아들여 자기가 사는 곳으로 안내했다. 가는 길도 험할 뿐 아니라 아주 깊은 산중이었다. 동행한 작가는 그를 따라가느라 매우 곤욕스러웠다.
 도착해보니 그곳은 야생 동물들이나 살 것 같은 깊은 숲속이었다. 그들은 바나나 잎으로 엮은 이엉으로 지붕만 덮어놓은 집에서 살고 있었다. 벽도 없는 난달 집이었다. 그저 비와 이슬만 가려주는 새막과 같았다. 그나마 지붕의 색이 누렇게 변하면 보금자리를 옮겨서 다시 새잎으로 집을 지어야 한다. 숲의 색과 비슷하게 하려는 것이다. 그래야 다른 동물들의 침입을 막을 수 있다고 했다.

가족은 부부와 사내 아이 하나, 이렇게 세 식구였다. 아내와 아이는 흐릿한 눈동자로 낯선 방문객을 겁에 질린 눈초리로 쳐다보며 경계하더니 바로 편안해진 듯 했다. 집안에 살림이라고는 아무것도 없고, 달랑 시커멓게 탄 냄비 하나뿐이었다.

남편은 여느 사람들과 비슷해 보였는데, 아내와 아들은 자연 그대로의 모습이었다. 옷은 걸쳤으나 남루하기 짝이 없었다. 숲 속의 들짐승이나 다름없는 모습이었다. 어떻게 먹고 자는지 매우 궁금했다.

밤이 되자 캄캄한 숲길로 방문객을 데리고 갔다. 한참을 가다보니 작은 웅덩이가 있었다. 사내는 물속으로 들어가 게를 맨손으로 잡았다. 억센 게발에 손이 물려도 개의치 않았다. 돌 틈 사이에 숨어있던 게 몇 마리를 잡아 가지고 집으로 돌아왔다. 나뭇가지에 불을 지펴서 게를 구웠다. 그것이 그들의 저녁 식사였다. 작가는 처음 먹어보는 숲속 음식이 어설펐지만 그런대로 맛있는 듯해 보였다.

식사를 하며 작가는 사내에게 산에 사는 이유를 물었다. 그의 대답은 간단했다. 바깥세상에서 살려면 모든 것이 돈으로 해결해야 하니까 머리가 너무 아파서 숲속으로 들어왔단다. 숲속에서 사니까 아주 편하다고 했다.

　이튿날 세 식구는 작가와 함께 시장에 갔다. 숲속에서 1년 만에 나왔다는 아내와 아이는 어리둥절했다. 사내는 아내에게 속옷을 사주고 아이에게 장화를 사 주었다. 늘 맨발이었던 아이는 새 신을 신고 천진난만하게 팔짝팔짝 뛰었다. 사내는 가끔 산에서 캔 약초를 가지고 나와서 생필품을 구해 가기 때문에 바깥세상에도 익숙해 보였다.

　TV에 자주 나오는 '나는 자연인이다.'라는 프로그램을 가끔 즐겨 본다. 다른 채널은 하루 종일 코로나 19를 비롯해 머리 아픈 뉴스만 나오니까 나도 머리를 식히기 위해 자연인과 하나가 되어보는 것이다. 숲속을 찾는 사람들은 저마다 다르지만, 다 들어보면 피치 못할 사정이 있다. 그렇지만 우리나라 자연인들은 동물처럼 살지는 않는다. 자연에 묻혀 살면서 나름대로 지연을 즐기며 산다. 그와 의도는 비슷하지만 사는 방식은 다르다.

　그러나 목표는 서로 같은 셈이다. 바깥세상에서 찾지 못한 행복을 찾아서 숲으로 들어간 것이다. 물질문명이 발달할수록 인간의 삶은 풍족해졌다고 하는데 행복지수는 비례하지 못 하는 것 같다. 우리가 생각하는 조건과는 달리 세계에서 가장 행복지수가 높은 나라는 필리핀이라고 한다. '지속가능발전해법네트워크(SDSN)가 2019년 발표한 것이다. 우리나라는 54위라고 한다.

잘 살고 못 사는 것은 돈으로 계산하지만 행복은 돈으로 따질 수 없다. 어쩌면 물질이 풍부할수록 더 많은 경쟁 속에서 살아야하는 부담감 때문에 사람들은 지치고 불행해지는 것 같다. 얼마큼 누려야 행복할 수 있을까.

그러나 사람들은 재산을 모으고 행복을 찾기 위해 늘 애면글면 한다. 행복은 어디에 있을까? 링컨은 '사람은 행복하기로 마음먹은 만큼 행복하다.'고 말했다. 톨스토이는 '인간이 불행한 것은 자기가 행복하다는 것을 알지 못하기 때문이다.'라고 했다. 행복이란 대단한 곳에 있는 것이 아니다. 일상에서 우리가 잊고 사는 순간순간에 겹쳐있다. 그러기에 우리가 보기에 매우 불편해 보이는 자연인이나 숲속의 집시는 행복한 것이다. 자신의 마음속에 있는 행복을 찾았기 때문이다.

하느님은 행복을 불행의 보따리에 싸서 보내신단다. 불편하다고 늘 불평을 늘어놓는 사람은 영영 그 행복을 찾을 수 없을 것이다. 아무리 견디기 어려운 역경 속에서도 참고 견디는 긍정의 마음이 있을 때 우리는 행복할 수 있다. 숲속의 집시나 자연인이 행복을 찾아 몸과 마음이 풍성해지듯 자신 안에 숨어있는 행복을 찾아야겠다. 나는 오늘 얼마나 행복한가?

행복한 나들이

 며칠 전 큰아들은 오랜만에 처가 형제들과 장모님, 장인어른 모시고 해외로 떠났다. 해서 이 번 설은 앞집에 사는 작은 아들네와 지내기로 했다. 섣달그믐날 작은 아들 내외와 손녀랑 나들이를 갔다. 아산에 있는 '세계 꽃 식물원'이다. 몇 년 전에 다녀온 곳이지만 아직 겨울이 물러서지 않은 터라 따뜻한 실내가 좋을 듯해서다. 고속도로를 피하고 국도로 나섰더니 아주 한가했다. 차창 밖의 경치가 평화롭다.

 두어 시간 걸려 도착한 식물원 주차장에는 벌써 관광객들의 차가 늘비했다. 섣달 그믐날인데도 이렇게 나들이객이 많은 걸 보니 참 많이 달라졌다. 온실에 들어서니 후끈 열기가 난다. 오른쪽으로는 보라색 스트렙토칼펠라 삭소림 꽃 터널이, 왼쪽으로는 붉은 베고니아와 공중에 매달린 뮤렌베키아 트리안 꽃 터널이 장관이다.

열대 식물들이 풍성한 녹색 잎을 드리워 마치 열대 우림에 온 것 같았다.

12살 유빈이는 들어서자마자 사진 찍느라 바빴다.

"할머니, 여기 서 보세요. 시집에 낼 사진 찍어 드릴게요."
하며 찰칵찰칵 셔터를 눌렀다. 그 많은 꽃 보다 더 예쁘고 환한 것은 귀염둥이 손녀딸이고, 아들과 며느리다. 한참을 돌다보니 땀이 주르르 흘렀다. 입고 간 겉옷을 모두 벗었지만 얼굴이 붉은 꽃보다 더 발갛게 달아올랐다.

강렬한 발간색의 아마존 시계초, 별처럼 반짝이는 호주 매화, 핑크와 노랑의 튤립이 아름답다 못해 황홀하다. 아무튼 꽃이 너무 많아 이름 외우는 것은 아예 포기하고 그냥 보기만 하기로 했다. 곳곳에 포토존이 마련되어 있고 액자처럼 틀을 만들어 놓기도 했다. 신바람 난 유빈이는 영산홍보다 더 볼그레한 얼굴로 한 가지라도 더 카메라에 담느라 분주하다. 한 바퀴를 돌고 나니 다리가 아팠다. 돌아 나오는 곳에 의자가 있고 조그만 찻집이 있다. 꽃에 취한 마음을 좀 진정시키고 둘러 앉아 차를 마셨다. 꽃향기 못지않게 허브 차의 향기가 그윽했다.

오후부터 예상했던 것보다 날씨가 따뜻해졌다. 지친 다리를 좀 쉬고 다음 코스를 생각했다. 여기서 가까운 거리에 '외암 민속마을'이 있다. 예안 이씨 집성촌으로 500여년의 내력을 자랑하는 곳이다. 30여 분만에 도착한 그곳은 몰라보게 달라졌다. 입구의 주차장부터 잘 정비를 했다. 저작거리도 조성되어 있어 토속 음식 체험을 할 수도 있다. 마을 앞 냇가를 건너던 섶다리는 모형만 있고 통행은 금지 되었다. 대신 시멘트 다리가 놓여 있다.

앞내를 건너면 소나무 숲과 아담한 정자, 물레방아가 보인다. 연휴를 즐기러 나온 사람들이 삼삼오오 짝을 지어 다닌다. 마을로 들어서면 상류층인 양반들의 살림집을 비롯해 중산층, 평민가옥, 초가삼간까지 모습을 볼 수 있고, 한 쪽에는 전통 혼례식 체험관도 재현해 놓았다. 마당 한편에 만들어 놓은 누런 소와 달구지, 옛 농기구들이 눈에 들어와 어린 시절 고향집이 떠올랐다.

이런 것이 생소한 유빈이는 퍽 신기한가 보다. 한참을 둘러보더니,

"아이 행복해."

하면서 깡충깡충 뛰어다닌다.

"그렇게 좋아?"

하고 물으니,

"예, 너무 좋아요."

하면서 신바람이 났다. 마당에 있는 줄타기도 하고 투호놀이도 했다. 언덕 위 소나무에 매어 놓은 그네를 타며 나를 듯이 기뻐했다.

고즈넉한 돌담길을 천천히 따라 가면 주요 민속자료 195호로 지정된 참판 댁이 나온다. 이정열이 고종으로부터 하사받은 집이다.

평소에는 대문이 잠겨 있기에 들어갈 수 없어 높은 돌담위로 까치발을 딛고 겨우 엿보았다. 유유자적 돌담길을 따라 걷노라면 고풍스런 나무들이 마음을 더 한가롭게 한다.

단 하루의 나들이지만 즐거웠다. 돌아오는 길목에서 군밤 한 봉지를 샀다. 참 고소했다. 군밤 몇 알을 나누어 먹는 얼굴이 모두 환하다. 괴테는 '왕이든 백성이든 가정에서 평화를 발견하는 사람이 가장 행복한 사람이다.'라고 말했다. 사랑하는 아들 며느리와 손녀와의 하루가 정겹고 편안했으니 이 보다 더 큰 행복이 어디 있으랴. 늘 시댁 식구들과 보냈던 명절을 처음으로 친정 부모님과 형제들과 보내게 된 큰 며느리도 즐거운 여행이 되기를 바란다. 뉘엿뉘엿 지는 해도 오늘 하루 기분 좋았는지 화사하다.

이별, 그리고 만남

 밤비가 추적추적 내린다. 아침부터 내리던 비가 오후에 갠다는 일기예보와는 상관없이 그칠 줄 모른다. 지난 금요일 본가에 다니러 간 손자 찬이가 돌아오는 날이다. 밤 9시, 기차가 서대전역에 도착하자 찬이는 아빠의 손을 잡고 게이트를 빠져 나왔다. 졸음이 가득한 눈으로 할미를 보자 아비의 손을 놓고 다가왔다.
 "찬이 왔네. 할아버지는 차안에서 찬이 기다리고 계시지. 우리 찬이 집에도 다녀 오고 많이 자랐네."
엉덩이를 두드려 주며 손을 잡았다. 다음 토요일에 다시 만나자는 약속을 하고 돌아서는 아비의 발꿈치엔 아쉬움이 길게 매달려 있었다.
 참 기특하다. 이제 겨우 여섯 살 난 어린 것이 제 부모와 떨어져 할미 집으로 되돌아오는 모습이 대견하다. 차에서 기다리던 할아버지를 보자마자 얼굴 가득 서려있던 서운함이 싹 가신 듯했다.

　얼마나 많은 이별과 만남을 하면서 살아가야 하는 것일까. 부모를 떨어져 내 품에 안긴 찬이와 아직 어린것을 떼어놓고 돌아서는 아들의 뒷모습이 안쓰러워 코끝이 찡해온다. 엄마, 아빠가 바쁘니까 할아버지, 할머니와 함께 지내야 한다는 것을 빤히 알고 있는 녀석, 의젓하고 대견스럽지만 안쓰럽다.

　난 부모 곁을 중학교에 가서 처음 떨어졌다. 집이 시골이라 통학하기엔 멀어 학교 옆에 살고 있는 언니 집으로 갔다. 열네 살이나 되었는데도 일주일이 왜 그렇게 길던지. 물론 시골집 보다 모든 조건이 더 좋았지만 그래도 부모님이 계신 고향집이 그리웠다. 초가삼간 오두막이라도 제 집이 좋다는 옛말이 있지 않은가.

　토요일만 되면 배고프니 점심이나 먹고 가라는 언니의 말은 뒷전으로 하고 하교하자마자 집으로 향했다. 한시가 급했기 때문이다. 버스에서 내려 20여 분을 걸어야 하는 곳이지만 단숨에 내달렸다. 마을 입구 감나무 밑에서 나를 기다리시던 아버지, 텃밭에서 상추 뜯으시다 달려와 가방을 받아 주시던 어머니, 막내라서 그랬는지 몰라도 어쩌다 한 주만 거르면 가슴앓이를 했다. 반가워하시면서도 일요일에 공부나 하지 뭐 하러 또 왔냐고 하시던 부모님의 말씀이 아직도 귓전을 맴돈다.

　일요일 저녁때가 되면 되돌아가기 싫어 뭉그적거리다가 월요일

신 새벽 첫차를 타기 위해 길을 나섰다. 어머니께서는 책가방이 무거울세라 머리에 이고 차 타는데까지 배웅을 하셨다. 아직 먼동이 트기 전 모녀는 헤어지기 섭섭해 하면서도 첫차를 놓칠까 봐 잰걸음을 걷곤 하였다.

헌데 이 어린 아이가 얼마나 마음이 아플까 생각하니 가슴이 쓰리다. 또 비는 구질구질 내리는데 해거름에 어린것을 떼어 보내야 하는 제 어미의 마음은 얼마나 아렸을까. 이제 불혹을 내다보는 아들을 되돌려 보내는 것도 눈시울이 젖어오는데 오죽이나 섭섭했으랴. 헤어진다는 것은 다시 만남의 약속이라 하지만 서글픈 일이다.

집에 들어오자 손발을 닦고 바로 할아버지와 잠자리에 들었다. 잠재우는 것과 목욕시키는 일은 언제나 할아버지 몫이다. 할아버지만 보면 좋아서 입이 절로 벌어진다. 세상에서 할아버지가 제일이라는 아이. 가끔 할아버지만 너무 좋아해 질투가 날 지경이다. 허나 사랑은 주는 자만이 받는 법, 그만큼 할아버지가 손자에게 지극 정성을 다 하니 당연한 일이다. 정을 주고 마음 부칠 사람이 있으니 참 다행이다. 둘이서 무슨 할 말이 그리 많을까. 30여 분을 참새처럼 조잘거리더니 스르르 잠이 들었다.

새근새근 잠든 아이의 모습은 평화 그 자체다. 헤어지며 섭섭함도 다 잊었나 보다. 무슨 꿈을 꾸고 있을까. 아마도 돌아오는 토요일 가족들과 다시 만날 것을 꿈꾸고 있으리라. 일곱 살이 되면 제 집으로 가겠다고 한다. 그 때는 새 아파트로 이사를 가니까 저도 그리로 가야 한단다. 그리고 제 집 옆에 아빠가 할아버지, 할머니 사실 집도 마련해 준다고 했으니 함께 이사를 가자고 한다. 그래서 찬이는 항상 희망에 부풀어 있고 아픔을 마냥 참고 있나보다.

흰 눈처럼 순수한 아이. 어린 아이가 되어야 천국에 들어갈 수 있다는 성경 말씀을 얼굴에 덮고 잔다. 근심걱정 다 버리고 사랑만 하라고 우리를 가르치며 자고 있다. 데리고 있으면서 힘든 날도 많지만 떼어 보낸다는 생각만 해도 미리 눈물이 난다. 이별, 그리고 만남을 반복하는 것이 우리의 삶이라는 것을 아이는 일찍부터 터득하고 있다.

큐우수우에 다녀와서

   남편 대학 동기들과의 부부동반 여행이다. 이제는 모두가 이순을 넘어서니 먼 거리 여행은 좀 부담스러운가 보다. 해서 결정한 곳이 바다 건너 일본의 남단 큐우슈우다.

   가고시마 국제공항에 내려 물과 숲의 도시 구마모토로 이동했다. 일요일인데도 펑 뚫린 도로가 여유로웠다. 우리나라에서는 일요일에 길을 나서기가 두려운데 대조적이다. 빼곡히 우거진 삼나무 숲의 초록물이 마음속까지 촉촉이 젖어들었다. 전 국토의 80%가 산이라는 이곳은 면적에 비해 인구가 적고 나무가 많기 때문에 공기가 맑아 살기 좋은 곳이다.

   자동차가 좌측통행을 하는 것이 이색적이다. 운전석도 반대쪽에 있어 차를 오르내릴 때마다 헷갈리었다. 국왕을 모시는 나라의 특징이다. 좁은 도로에 대형 승용차로 주차장을 방불케 하는 우리와는 달리 장난감처럼 앙증스런 소형차가 질서 정연하게 달려가는 모습이 보기 좋았다.

대형 건물 주차장에는 금방 공장에서 나온 것처럼 윤기가 나는 소형차들이 줄지어 있었다. 일본 사람들은 늘 차를 '깨끗이 닦는다'고 한다. 그만큼 자기 물건을 소중히 여기고 아끼며 부지런하다는 것을 의미한다.

또 이곳에는 '차고증명제'를 실시한다. 차고가 없으면 차를 구입하지 못하는 제도다. 주차를 서로 하려고 영역 표시를 하느라 자기 집 앞에 볼품사나운 물건으로 주차금지를 해 놓은 우리의 주택가 모습이 떠올랐다. 그 뿐인가. 공공시설도 마찬가지다. 모두가 자가용으로 출퇴근을 하는데 주차장은 턱 없이 모자라는 형편이다. 한 번 짚어봐야 할 일이다.

그런데도 큰 차를 타야 품위 유지가 된다는 우리의 사고방식 또한 바뀌어야 한다. 기름 한 방울 나지 않는 나라에서 차로 겉치레를 하는 것을 부끄러워해야 할 일이다. 얼마 전, 부부 모임에 나의 애마 마티즈를 타고 갔다. 남편이 술을 마시면, 소형차만 겨우 운전하는 솜씨로 남편 차를 운전할 수 없어서였다. 회식을 끝내고 나오던 지인이 내 차를 보더니,

"아이고, 우리 모금해서 교장 선생님 차 좀 사 드립시다."

하는 농담에 모두 한 바탕 웃었다. 웃을 일이 아니라 이곳에 와 보

니 내 차야말로 안성맞춤이란 생각이 들었다.

　고속도로 통행 역시 모두 하이패스로 되어 있다. 5일 동안 차를 타고 다녀도 경고음 소리를 들을 수 없었다. 과속이나 추월도 하지 않았다. 1차선 도로의 지정 속도는 50km다. 곡예를 하듯 차선을 바꾸며 달리는 우리나라와는 딴 세상 같았다. 조금만 지체를 해도 '빵빵' 울려 대는 경고음 때문에 경기를 일으키듯 놀라는 때가 한 두 번이 아니다. 더군다나 대형 트럭이 갑자기 차 꽁무니를 바싹 따라 붙으며 굉음을 낼 때는 금방 작은 내 차를 깔아 뭉기기라도 할 듯 겁이 났다.

　자동차 말고도 가는 곳마다 절약하는 모습이 눈에 띄었다. 호텔의 샴푸와 린스는 벽에 부착해 놓아 다음 투숙하는 사람도 계속 쓸 수 있게 해 놓았다. 타월 역시 절약형이다. 외국 여행 갈 때마다 호텔에 준비된 타월이 너무 두꺼워 불편 했는데 쓰기에 알맞게 되어 있어 마음에 들었다. 세탁하기도 편리하고 물도 절약되리라.

　난공불락難攻不落의 성, 구마모토 성을 올랐다. 모두 신발을 벗어 비닐봉지에 넣어 들고 올라갔다. 안내원은 출입구에 서서 일일이 비닐봉지를 나누어 주며 회수를 해 가지런히 놓았다가 다음 관람객들이 다시 쓸 수 있도록 하고 있었다. 한 번 사용 후 쓰레기통에 넣고 가거나 여기저기 볼썽사납게 날아다니던 우리의 모습이 떠올랐다.

그 밖에 화장하는 장례문화, 대부분 단독주택인 농촌 마을에 담장 대신 장치된 세이콤, 아파트 주차장에 가구별 번호 표시를 해 놓은 것도 우리와 다른 점이다. 이런 모든 것 하나하나에서 일본인의 세심함과 합리적인 생활상을 엿볼 수 있었다.

호랑이를 잡으려면 호랑이 굴에 들어가야 하고, 물고기를 잡으려면 물속으로 들어가야 한다. 일본을 앞서 가려면 직접 가보고 체험하여 제대로 알아야 한다. 과거에 사로잡혀 적대시만 할 것이 아니라 진정한 교류를 통해 본받아야 할 것들은 받아들여야 한다. 그러고 보니 마치 일본 예찬이라도 한 것 같다. 허나 그것은 아니다. 따질 것은 따지되 배울 것은 배워야 한단 말이다.

좀처럼 눈을 볼 수 없다는 이곳에서 눈꽃이 만발한 '쿠사셀리' 가는 길의 설경, 세계 최대급 칼데라 화산으로 모두 삼켜 버릴 듯 분연을 품어내는 아소활화산 분화구, 남국의 정취를 자아내는 미야자키의 니치난 해안, 여기저기 청솔가지 군불 지피듯 아직도 살아 움직이는 활화산의 모습, 온천과 냉천이 같이 솟아나와 호수에서 새벽안개처럼 김이 모락모락 피어오르던 긴린코金鱗湖가 눈에 아른거린다.

그 보다 더 아름다운 것은 이순을 넘긴 지금 20대 학창 시절의 우정이 그대로 살아 있는 남자들의 모습이었다. 주고받는 언어 속에는 보기 좋고 맛깔스런 속을 넣어 꼭꼭 말은 김밥처럼 정이 뭉쳐 있었다. 긴 여정을 이겨낸 눈가의 깊은 주름살까지도 멋져보였다. 이만하면 진홍빛 황혼이다. 그들은 만난 지 오래지만 여자들은 지난해 중국 운남성 여행을 시작으로 두 번째 만남이다. 그런데도 부창부수夫唱婦隨라더니 가는 날부터 오는 날까지 정담과 웃음이 그치지 않아 열 살은 덜어냈다. 냇가에서 물장구치던 죽마고우竹馬故友처럼 저녁마다 알몸으로 만난 온천욕은 서로를 더 포근하게 안아 주었다.

여행을 좋아하는 일본의 작가 '무라카미 하루키'는 여행에서 풍부한 정신적 고양과 판타지를 얻는다고 한다. 때문에 하루키 여행의 영원한 주제는 '새롭게 태어나는 나'라고 한다.

별 기대 없이 떠난 여행이었는데 나 역시 새롭게 태어난 기분이다. 관심 밖이었던 일본 문화에 관심이 간다. 말로만 흘려듣던 일본인들의 근검절약 하는 생활을 직접 접해 보니 가끔 나를 졸아들게 했던 나의 발 마티즈가 더욱 사랑스럽게 보인다. 또, 어느 여행보다 정겹고 아름다운 만남으로 아직도 온몸이 훈훈하다.

(2008.2)

식구

식구란 사전적 의미로는 같은 집에서 살며 끼니를 함께 하는 사람을 뜻한다. 요즘은 식구가 한명 뿐인 나 홀로 가정이 많다. 자녀들이 모두 성장하여 살림을 따로 하거나, 부부 사별로 인한 가정이다. 아예 결혼을 포기하고 독신으로 사는 사람들도 꽤 많이 늘어가고 있다.

이에 맞춤으로 대형 마트에 가면 1인 가정을 위한 식재료가 많이 준비되어 있다. 간편하게 밀키트로 포장을 해 놓았다. 요리를 못하거나 해 보지 않은 사람도 손쉽게 할 수 있다. 예를 들어 버섯찌개가 먹고 싶다고 하자. 그러면 한 꾸러미에 모든 식재료와 양념을 포장해서 판매한다. 그것을 설명서대로 조리하면 맛있는 찌개를 바로 먹을 수 있도록 해 놓았다. 재료를 다듬고 씻고 양념을 만들 필요가 없다.

이렇게 편리한 세상이지만 사람은 생각하는 동물이기 때문에 먹는 것만으로 만족할 수 없다. 때로는 제 스스로 고립되기도 하고 고독으로 외로워하기도 한다. 꼭 내 피붙이나 배우자가 아니라도 서로 소통할 상대가 필요하다. 그래서 요즘 집집마다 반려동물이 늘어나고 있다.

혹자는 '동물을 키우느니 아이를 입양해서 기르지.' 하며 비아냥거리기도 한다. 그러나 아이를 기르는 것은 그리 단순한 일이 아니다. 먹이고 돌보는 일만이 아니라 교육시켜서 그 아이가 바르게 자라서 사회에서 필요한 존재가 되도록 책임을 져야한다. 또 아이가 자라면서 반항을 하기도 하고 엉뚱한 길로 갈 수도 있다.

그러므로 앞날을 책임질 일도 없고 반항을 하지도 않는 반려동물을 선택하기 마련이다. 동물은 신기하게도 주인이 사랑을 하면 그 만큼 잘 따르고 주인에게 즐거움을 안겨준다. 예부터 주인을 지키는 개 이야기가 많다. 우리나라의 진돗개나 풍산개, 동화책에 나오는 플란다스의 개 이야기를 모르는 사람은 없을 것이다. 또 개가 아니라도 고양이를 비롯해 심지어 파충류까지도 저를 보살피는 주인을 알아본다. 그러나 동물은 움직이는 것이기 때문에 어려운 점도 많다. 먹이를 비롯해 배설물 처리, 또는 병이 나면 병원 진료라든가 목욕시키는 일, 공동주택에서의 소음문제 등이 뒤따른다.

소통은 꼭 사람이나 움직이는 동물과만 할 수 있는 것은 아니다.

늘 제자리를 지키는 식물과도 소통은 할 수 있다. 특수 작물을 재배하는 농민들은 식물들에게 음악을 들려주기도 하고 사람과 이야기 하듯 말을 건네기도 한다. 그들의 답은 귀로 들을 수는 없지만 잘 성장하여 좋은 결실로 주인에게 답한다고 한다. 또 농작물은 주인의 발소리를 듣고 자란다는 말도 있다.

며칠 전 TV 홈쇼핑에서 화초를 선전했다. 갑자기 사고 싶은 생각이 나서 주문을 했다. 박스에 담겨온 화초들은 싱싱한 모습으로 초록의 미소를 담뿍 담아왔다. 그 중 카랑코에는 꽃분홍색 꽃까지 달고 와서 활짝 웃었다. 앉은뱅이 호야는 귀엽게 애교를 떨고, 스킨답서스는 초록의 잎을 팔랑거렸다. 늘씬한 몸매의 테이블야자, 야리야리한 홍콩야자, 매끈한 피부를 자랑하는 멜라닌고무나무 등 모두가 생기발랄했다. 당장에 다이소로 가서 화분과 부엽토를 사가지고 왔다. 임시로 심어져 있는 아이들을 제대로 옮겨 심었다. 물을 주고 햇볕에 놓았더니 모두가 환하게 웃었다

새 식구가 생긴 셈이다. 아침마다 그들의 이름을 불러주고 밤새 잘 잤는지 이야기를 나눈다. 물은 주 1-2회 주면 된다. 날씨가 차가우니 거실 한 쪽에 그들의 보금자리를 만들어 주었다. 집안이 환하고 생기가 돌았다. 이미 있던 화초도 식구가 생겨서 반기는 모양이다. 우아하게 앉아있던 안쓰륨도 넓은 잎으로 너털웃음을 웃는다. 동생들이 생겨서 반가운 모양이다. 앙증맞은 다육이 중에 파랑새

는 뾰족한 잎을 더 치켜세우며 생동감이 넘쳤다.

사람이나 동물이 아니라도 이렇게 서로 소통할 수 있다. 혼자서 외롭다 하는 사람은 고립되어 있는 사람이고 외로움을 어딘가에 내려놓으면 그것은 반대로 시간을 즐기는 것이다. 식구가 여섯이나 늘은 요즘 아침이 늘 새롭다.

조용히 자리를 잡고 있는 안쓰륨은 차분히 제 할 일을 잘하는 큰며느리의 아침인사와 믿음직한 큰아들의 안부, 찬이의 늠름한 웃음소리와 민이의 어리광 섞인 목소리가 들려오고, 올망졸망 다육들은 옆에서 늘 내 손발이 되어주는 작은 아들 내외와 빈이의 환한 웃음을 전해준다. 구태여 한 자리에 모이지 않아도 화초들로 인해 온 식구가 만나는 즐거운 아침이다.

어차피 사람은 혼자서 세상에 나와 혼자서 떠난다고 프로이드는 말하고 있다. 내 가족이나 친구로 인해 고독을 풀어내려 하지 말고, 예쁜 화초와의 대화로 하루를 열어 보자. 요즈음 '반려동물'과 함께 '반려식물'이란 말도 있다. 영롱한 아침햇살도 창문을 뚫고 거실 깊숙이 들어와 그들을 어루만지며 도란도란 속삭인다.

소리가 있는 낙원

세상에는 갖가지 소리들이 있다. 자연의 소리, 자동차 소리, 기계가 돌아가는 소리, 고운 음악 소리 등등. 그 소리들이 모두 살아 움직이고 있다는 것을 의미한다. 그러나 가장 생동감 있고 아름다운 소리는 단 하나뿐이다. 무슨 소리일까? 들어보지 않은 사람은 알 수 없다. 흔히 가장 아름다운 소리를 은쟁반에 은구슬 구르는 소리라 비유하지만, 이 소리는 어느 것에도 비유할 수 없다.

몇 달 전부터 우리 내외는 사랑을 배달한다. 시간에 늦지 않으려고 새벽부터 분주하다. 늦어도 며느리 출근 시간 5분 전까지는 도착해야 되기 때문이다. 현관문을 열고 들어서면 아직도 한밤중인양 새근새근 잠을 자고 있다. 행여 선잠을 깰까 봐 텔레비전 볼륨을 최대한 줄이고 일어나기를 기다린다.

뒤치락거리는 소리에 살그머니 들여다보면 해맑은 웃음으로 "하버지-이" 하는 소리가 귓전에 와 닿는다. 아침마다 이 소리를 들으면 절로 힘이 솟는다. 하버지 대신 "하머니-이" 하고 부르면 더욱 좋으련만 아이는 할아버지가 최고인 걸 어쩌겠나. 조금 양보하는 수밖에. 누가 이렇게 우리를 날마다 반겨주겠는가. 아침을 환하게 여는 세 살 박이 유빈(손녀)의 맑은 목소리에 오늘 살아야 할 의미를 찾는다.

둘이서 아이를 차에 태우고 집으로 온다. 갑자기 또 바빠진다. 우선 녀석이 제일 좋아하는 요구르트부터 먹인다. 다행히 식성이 좋아 다른 음식도 뭐든지 잘 먹는다. 밤새 기다렸던 장난감들이 우르르 쏟아져 나온다. 미동도 하지 않던 것들이 삐삐 빵빵 하나씩 잠에서 깨어나 아이의 장단에 맞장구를 친다. 잠잠하던 집안이 술렁술렁 활기가 넘친다.

할아버지가 출타를 하고 나면 그제야 내 차지가 된다. 상황 파악을 잘 하는 아이는 금세 "하머니-이" 하며 아양을 떤다. 먹을 것 챙기랴 함께 놀아 주랴 기저귀 갈아주랴 화장실 갈 틈도 없다. 그 동안 취미로 나가던 문화센터도 모두 포기했다. 하지만 그가 있어 살 맛이 난다. 이제 막 말을 배우는 중이라 어설프지만 그런대로 의사 소통은 다 한다. 말로 못하면 손짓 발짓으로 제 뜻을 표현한다. 그 모습 때문에 혼자서 박장대소를 하기도 한다.

하루는 그가 얼굴이 새빨갛게 힘을 주더니, 제 기저귀를 쑥 빼들고 통통통 뛰어 달아났다. 까닭을 모르고 쫓아가던 할아버지 앞으로 분꽃 씨 같은 까만 알갱이 몇 알이 도르르 굴러 왔다. "허허, 이놈 봐라. 똥덩이네." 하며 나를 급히 불렀다. 얼른 달려가는데 이번에는 아기 주먹 만 한 인절미 하나가 내 앞에 뚝 떨어졌다. 밥을 제법 먹는지라 구린내 풍기지만, 보석이라도 발견한 듯 입이 귀에 걸렸다. 잘 먹고 잘 자고 똥 잘 누면 걱정이 없다. 손녀는 덩달아 배를 쑥 내밀며 까르르 웃었다.

고통 없는 행복은 없다고 했다. 즐거움은 언제나 고통 속에 감추어 있다. 아이와 하루를 지내는 일은 가장 어려운 기도다. 아니 도를 닦는 일이다. 그렇게 하지 않고서야 어떻게 그 귀여운 손녀를 매일 상면할 수 있겠는가.

노년의 3대 바보 중의 하나가 손자 손녀 돌보는 일이라는 말도 있다. 젊어서 고생했으니 노후에는 편하게 지내야 된다는 말이리라. 바보가 되면 어떠랴. 바보는 늘 태평하니, 저절로 마음의 평안을 얻은 셈이다. 또한 아이에게 집중하다 보면 잡념이 없어진다. 은퇴 후 많은 시간을 어디에 쓰면 좋을까 이곳저곳을 기웃대는 사람들도 많다.

몸이 편하다고 해서 마음도 편한 것은 아니다. 아이 맡길 데가 없어 젊은이들이 하고자 하는 일을 포기해야 되는 것이 현실이다. 결혼을 기피하고 아이도 낳지 않기로 하는 사람들이 늘고 있다. 해서 요즈음 나라에서는 저출산율을 해결하려고 갖가지 대책 마련에 심혈을 기울이지만, 양육할 방법을 찾지 못하면 모두가 허사다.

어느 지방 자치단체에서는 '할머니 육아 교실'을 열었는데 대 성황을 이루고 있다는 소식도 있다. 맞벌이 부부가 늘어나면서 할머니의 역할이 그만큼 중요하다는 것이다. 아마도 전국으로 확산되지 않을까 하는 생각이 든다.

나는 남편을 늘 '행복한 베이비시터'라고 부른다. 손자 손녀가 모두 할아버지를 좋아하기 때문이다. 고목나무에 새순이 돋듯 할아버지에게 매달리는 아이들 때문에 주름진 얼굴이 환하다. 혼자 사는 노인보다 가족과 함께 손자들의 재롱을 보며 사는 노인이 정신 건강도 더 좋고 수명도 길다는 연구 결과도 나와 있다. 늘그막에 애국도 하고 효도도 받는 베이비시터가 될 수 있는 것은 축복이다.

집안에서 아이의 울음소리와 웃음소리가 들려야 가정이 화평하고 나라의 미래가 있으며 세상이 이어진다. 아기를 돌볼 수 있다는 것은 가장 보람되고 뜻있는 삶이다. 오늘도 소리가 있는 낙원에서 우리 부부는 웃음꽃을 활짝 피운다. 베란다에 길게 누워 엿보던 햇살이 유난히 따사로운 날이다.

홀로 서기

 모두 떠나고 싶어 한다. 일상을 벗어나고 싶은 모양이다. 그러나 혼자서는 자신이 없어 망설이다가 친구들이 좋아 동행하기로 했다.
 몇 년을 벼르던 여행, 5년 전 제주도 여행을 함께 갔던 여고동창들이다. 그 때도 고3 때 수학 여행지를 다시 돌아보는 감회에 젖어 모두가 열아홉 살로 되돌아가 무척 즐거워했던 기억이 생생하다.
 막상 약속을 하고나니 걱정이 앞선다. 여행갈 때마다 가방을 챙기는 일은 남편 몫이다. 건망중이 심하고 찬찬하지 못한 나를 못 미더워하는 그의 기우 때문이다. 간단한 소지품이 든 크로스백 하나만 달랑 걸치고 졸졸 따라다니는 것이 나의 여행이다. 여권, 카메라 등등 여행절차 처리는 모두 남편이 한다. 이런 나를 혼자 보내자니 그는 마음이 내키지 않는 모양이다.
 며칠 전부터 내 가방을 챙기며 일장 연설이 시작 되었다. 여권과 카메라는 몸에 꼭 간직하고, 비상 약품과 간식, 목도리, 우산은 작은 가방에 잘 넣으라는 등, 짐 부치기, 마일리지 정리, 찬 음식과 기름진 음식 조심 등등 귀가 아프게 잔소리를 해댄다. 그이 앞에서는 식사나 거르지 말고 자기나 잘 지내라고 큰소리쳤지만 내심 두려웠다.

생각해 보니, 여자들끼리 해외여행을 간 것은 단 한 번뿐이었다. 해외여행 붐이 일고 있을 때였다. 친구 오선생이 자기가 남편보다 더 잘 챙길 테니 같이 가자고 했다. 남편과 서유럽을 다녀온 후 두 번째 해외여행이었다. 남편은 안 된다고 하다가 워낙 믿음직한 친구인지라 허락을 했다. 물건을 못 챙길 뿐만 아니라 물만 갈아먹어도 배탈이 나는 내가 마음이 놓이지 않았기 때문이다. 힘들기는 했지만 좋은 친구 덕분에 홍콩, 마카오, 중국의 심천 여행을 무사히 마치고 돌아왔다.

새벽 4시 30분 공항버스를 타야하기 때문에 3시부터 서둘러 준비를 하고 집을 나섰다. 잠을 설친 친구들이 빨간 토끼눈을 하고 벌써 와 있었다. 공항에 도착하니 담당 가이드가 기다리고 있었다. 남편의 우려와는 달리 야무진 여선이가 총무라 어려움 없이 잘 했다. 마일리지 적립은 짐 부치는 곳에서 안내를 해 주었다.

목적지는 중국의 수도 베이징이다. 날씨가 춥다고 제일 두터운 코트로 중무장을 하고 왔는데 의외였다. 며칠 전 내린 눈이 군데군데 쌓여 있기는 하지만, 중국에서 보기 드문 파란 하늘을 볼 수 있었다. 베이징의 관광 코스는 빤한 곳이다. 천수산에 위친한 명대 황제의 능인 13왕릉, 세계에서 가장 넓은 천안문 광장, 세계 최대 규모의 궁궐인 자금성, 사람이 쌓아올렸다 하기에는 믿기지 않는 만리장성, 황제가 하늘에 기도 하던 천단공원, 서태후의 은신처였던 이화원이다. 이화원에는 인공으로 만든 곤명호와 만수산이 관광객들을 유혹했다. 우리도 그 호숫가를 산책하며 잠시 서태후가 되어 보았다.

다섯 번 째 중국 땅에 발을 딛고 보니 별로 신기한 느낌이 들지 않았다. 그저 뭐든지 세계 최고라는 수식어가 붙을 만큼 넓고 웅장하다. 왕부정 거리에 롯데백화점이 눈에 들어왔다. 낯설지 않아 들어가 보았다. 역시 매장이 너무 넓어 휑하니 썰렁한 기운이 맴돌았다.

해거름이 되자 길거리에 먹거리 좌판이 하나 둘 펼쳐졌다. 중국은 못 먹는 음식이 없다더니 여러 가지 음식들이 길가는 사람들의 발목을 잡았다. 보기만 해도 역겨운 전갈 요리라든지 번데기를 비롯해 갖가지 곤충 요리가 수북이 쌓여있었다. 장난기가 발동한 재경이는 전갈요리를 맛보아야 한다며 기웃거렸다. 몇 가지 꼬치를 사서 서로 먹어보라기에 그 중 양고기 한 첨을 받아먹다가 역한 향에 그만 뱉어버렸다.

호텔에서 첫날 밤, 로비에서 룸메이트를 정했다. 당연히 옥자와 하려니 했다. 그녀는 초중고 동창이고 고향친구라 누구보다 허물없는 친구다. 그래서 몇 년 전 제주도 여행에서도 3일 동안 그와 함께 지냈다. 오늘은 애중이와 짝이 되었다. 평소 늘 만나면서도 가까이 지내지 못했는데 오히려 잘 됐다.

애중이는 아주 여성스럽고 말수가 적은 조용한 친구다. 느긋하고 배려하는 넉넉한 마음이 편안했다. 그는 잠도 아주 잘 자 다행이라는 생각이 들었다. 이른 새벽부터 밤늦게까지 강행군을 해서인지 나는 좀처럼 잠이 들지 않았다. 온 몸이 부들부들 떨렸다. 너무 피곤하면 나타나는 증상이다. 곤히 잠든 친구를 깨울 수가 없어 가만히 누워 있었다. 뱃속이 요동을 치더니 설사까지 해댄다. 친구의 단잠이 깰까 봐 고양이 걸음으로 화장실을 들락거리느라 잠을 제대로 자지 못했다. 단숨에 아침까지 자는 친구가 부러웠다.

셋째 날이다. 짝퉁시장에 우리를 풀어놓았다. 넓은 매장을 돌아다니다 보니 힘이 쭉 빠졌다. 혹시 주차장에 차가 있나 기웃거려 보았지만 없었다. 하는 수 없이 가이드가 찾으러 올 때까지 기다릴 수밖에. 아니나 다를까. 늦은 시각, 차를 타고 식당으로 가는데 창자가 뒤틀리기 시작했다. 금방이라도 터져 나올 것만 같았다. 다행이 식당까지 참을 수 있었다. 이런 일들이 잦기 때문에 외국 여행은 꼭 남편과 동행을 한다. 혼자서 해외여행을 여러 번 가는 친구도 있다. 처음에는 겁이 나 지인과 동행을 했지만 요즈음은 혼자도 잘 간단다. 당당한 그녀가 대단해 보였다.

　여행에서 돌아온 나를 마중 나온 남편은 마치 손자를 소풍 보낸 것처럼 마음 조였단다. 이순이 넘은 내가 일곱 살짜리 손자와 동급이라니 한심할 일이다. 그렇지만 내가 그를 챙겨야 할 일이 있다. 늘 어른인 척 큰소리치는 그도 못하는 것이 있다. 바로 식사 해결이다. 가기 전 날, 3일 분 반찬을 따로따로 담아 냉장고에 차례로 넣어놓고 갔다. 오자마자 냉장고 점검부터 했다. 아니나 다를까. 해 놓은 반찬도 제대로 챙겨먹지 못했다. 그도 홀로서기 연습이 필요하다. 누구나 언젠가는 혼자가 될 테니 말이다.

　만리장성을 어떻게 쌓고, 서태우가 누구였는가는 역사학자가 말해 줄 일이고, 아무튼 즐거운 여행이었다. 늘 배려해 주고 따뜻한 고향 친구 옥자, 푸짐한 명진이, 이쁜이 봉례, 든든하고 유머 감각이 풍부한 정자, 제 할 일을 스스로 잘 하는 애중이와 재경이, 늘 큰 언니처럼 푸근하고 빈틈없는 여선이, 나이를 먹어도 철이 안 드는 나, 모두 좋은 친구다.

　여행은 어디로 가느냐가 중요한 것이 아니라 누구와 떠나느냐가 더 중요하다고 한다. 모두 건강하여 앞으로 계속 동행하기를 바란다. 이 친구들과 함께라면 얼마든지 혼자 떠날 수 있다는 자신감을 얻었다. 북경의 하늘도 참 기분이 좋았나 보다. 가던 날부터 오는 날까지 구름 한 점 없는 푸른 얼굴이었다.

(2009.2)

행복의
조건

 일요일이다. 열심히 컴퓨터 자판을 두들기고 있는 나에게
 "우리 구봉산에나 갈까?"
하며 그이가 말을 건넨다. 성당에 가는 일 말고는 약속이 없어, 마음먹고 써 놓은 글을 손질해 청탁 받은 곳에 원고를 보낼까 했는데 또 방해를 한다.
 하던 일을 멈추고 간단한 간식거리를 준비해 가방을 메고 남편과 동행을 했다. 구봉산은 자주 가는 산이다. 그래서 가깝지만 한 번도 가보지 않은 산정산으로 코스를 바꾸었다. 산행에서 만난 어느 지인이 아주 좋은 곳이니 가보라고 권하던 말이 떠올랐기 때문이다.
 산 아래 주택가 한쪽에 주차를 하고 길을 물어 산으로 올랐다. 인적은 드문 곳이지만 상쾌한 산 내음이 발길을 끌어 당겼다. 길은 경사가 좀 심해도 험하지 않아 걸을 만 했다. 여름 날씨답지 않게

살랑살랑 불어오는 바람에 유월의 초목이 손에 손을 잡고 춤을 추었다.

산등성이에 오르니 표지판이 안내를 했다. 왼쪽으로 500미터 가면 산정산, 오른쪽으로 가면 성북산성이라 한다. 정상에는 숲에 가려진 정자가 지붕만 보였다. 가까운 거리이니 정자가 있는 곳부터 다녀서 반대쪽 산성으로 가기로 했다.

약간 흐린 날씨에 살랑 바람과 함께 걸으니 마치 가을 산을 오르는 것 같았다. 정자에 오르자, 먼저 온 사람이 기다리기라도 한 듯 반갑게 인사를 했다.

"야! 너무 좋다."

절로 감탄사가 터져 나왔다. 앞을 내려다보니 대전광역시의 서구가 한 눈에 들어왔다. 새로 지을 아파트 단지를 조성하기 위해 거친 숨소리를 내는 포크레인, 곳곳에 숲을 이룬 여러 개의 아파트 단지와 시장, 마을을 잇고 있는 작은 도로와 큰 도로가 시원스럽게 보였다. 산비탈을 점령한 개망초는 메밀꽃이 만발한 듯 하얗게 나풀거렸다. 가슴이 뻥 뚫리는 것 같았다.

"오늘 선택은 백점이야. 잘 왔군요."

했더니, 그이도 동감이라는 듯 숨을 크게 몰아쉬며 가슴을 활짝 폈다. 온 세상이 다 우리의 것인 양 뿌듯했다.

사람은 누구나 행복을 추구한다. 그래서 공부를 하고, 직장을 구한다. 결혼을 하고, 집도 마련한다. 출세를 하려고 발버둥치고, 돈을 찾아다니고, 여행도 한다. 아무튼 모두가 행복을 찾기 위한 일이다. 그러나 행복하냐고 물으면 선뜻 행복하다고 대답하는 사람은 과연 몇이나 될까? 공부에 지치고, 일에 치이고, 돈에 묶이고, 온갖 스트레스로 병을 앓고 있다. 일거리가 없는 사람은 할 일이 없어 고민, 돈이 없으면 없어서 고민, 많으면 많아서 고민, 세상은 온통 고민 덩어리다. 그도 그럴 것이 태초에 하느님의 뜻을 어겨 에덴동산에서 쫓겨날 때부터 이미 고통은 시작되었으니까.

　허나 행복은 항상 바로 여기에 있다. 지금 내가 서 있는 곳에. 행복은 누가 갖다 주거나 먼 곳에 있는 것이 아니다. '행복한가 그렇지 못 한가는 결국 우리들 자신에게 달려 있다.'라는 아리스토텔레스의 말처럼 바로 자기가 처해 있는 그곳에 있다. 다만 그것이 행복인지 모르고 지나칠 뿐이다. 조그만 동산에 올라 잠시라도 행복했다면 오늘 하루는 행복한 것이다. 하루 24시간 중 단 1분만이라도 행복했다면 그것은 행복이라 했다.

　산에 오를 수 있는 여유, 맑은 공기와 시원한 바람, 이 모두가 감사한 것들이다. 감사한 마음으로 세상을 바라볼 수 있는 눈이 있다면 그것은 축복이고 행복이다. 풀숲에서 주홍색 참나리꽃 한 송이가 함박웃음으로 맞장구를 친다. 구름 속에 숨었던 따가운 햇살이 나뭇잎 사이로 길게 손을 내민다.

난을 바라보며

아버지의 승진을 축하한다며 큰 아이가 보내온 서양 난 한 분이 있다. 겨울 내내 혹한을 견디기 힘들었는지 숨죽어 있기에 정성껏 물을 주고 분갈이도 해주었다. 그 중에 두 줄기가 잎을 내밀고 뾰족이 올라왔다. 누런 잎을 젖히고 작은 싹이 실처럼 가는 고개를 들고 줄기가 기어올랐다. 간드랑거리는 줄기가 휘지나 않을까 조심조심 물을 주었다.

그런데 어느 날 진보라 꽃잎이 살짝 웃으며 아침을 알리는 것이었다. 아들이 보낸 것이라 그런지 더 사랑스러웠다. 죽으면 어쩌나 하고 조였던 마음을 알아주기라도 한 것 같았다. 화분에 물을 주다가 지난 일들이 떠올라 한 동안 넋을 잃었다.

어느 월요일 아침이었다. 일요일에 외가에 행사가 있어 어머니께서 외가에 가셨다. 어머니는 출근 시간이 다 되어도 오시지 않으셨다. 남편과 나는 아이를 데리고 서로 먼저 학교에 가라며 동동거렸다. 아무래도 여자인 내가 지각을 하는 것이 낫지 남자가 아기 볼 사람 없어 지각을 하면 안 될 것 같아 남편의 등을 밀어 출근을 시켰다. 아무리 기다려도 어머니는 오시지 않으셨다. 그 때만 해도 시골에는 전화 시설이 다 되어 있지 않았기 때문에 연락도 되지 않았다.

하는 수 없이 아이를 데리고 출근을 했다. 교장 선생님한테 들킬까 봐 살금살금 교실로 들어가 아이를 맨 앞에 앉혀놓고 막 수업을 하고 있는데, 교장 선생님께서 교실로 들어오셨다. 가슴이 덜컥 내려앉는 순간, 인자하신 교장 선생님께서
"아가, 이리 오너라. 할아버지하고 놀자."
하시며 아이에게 손을 내밀자 아이는 교실이 떠나가라 소리치며 울어대기 시작했다. 홍당무가 돼버린 나는 어찌할 바를 몰랐다. 할머니하고만 자란 큰 아이는 낯가림이 심해 나를 꼭 잡고 떨어지질 않았다. 황당한 마음으로 아이를 달래며 밖을 내다보니 하얀 손수건으로 이마의 땀을 훔치시며 어머니는 내친걸음으로 우리 교실을 향해 오시고 계셨다.

그 뿐인가. 퇴근을 하고 막 대문에 들어서려 하는데 새파랗게 질리신 어머니께서
"얘, 아이가 없어졌어. 나간 지 오래 되었는데 지금까지 돌아오지 않아 온 동네를 다 찾아보아도 없어. 이래서 외손자 기르는 것이

아니라는데….."

하시는 것이었다.

"어디서 놀고 있겠지요."

놀라지 않은 척 어머니를 안심시키고 콩콩 뛰는 가슴으로 가방을 든 채 되돌아 나갔다.

그 때 얼굴에 시커먼 개흙 칠을 하고 신난다는 듯이 대문 안으로 들어서던 개구쟁이. 또 사촌 누나와 극장에 갔다가 누나가 잠깐 자리를 빈 사이 혼자 밖으로 나와 누나를 애태웠던 일, 홍역 예방주사를 맞혔는데도 홍역을 해, 고열로 충혈된 눈에 눈물을 그렁그렁 매달고 출근 시간에 떨어지지 않으려고 옷자락을 움켜잡고 따라나서던 일. 살짝 벌어진 꽃잎 사이로 지난날이 스크린처럼 스쳐 지났다.

언젠가 텔레비전에서 세계 각 국의 복지 시설에 대해 방송하는 중 필란드 편이 소개 되었다. 그 나라는 남자한테도 출산 휴가를 6 - 12일정도 주고 봉급의 70%이상을 지급하고 있는데도 너무 짧다는 의견이 나왔다. 탁아소에 아이를 아침 6시 30분부터 오후 5시 30분까지 12시간 이상 맡길 수도 있다고 했다. 그 외에 직장에서도 아기를 가진 여성들에게 많은 특혜를 주었다. 남자들이 휴가동안 낮에 혼자서 유모차를 끌고 시장가는 것이나 집안 일 하는 것을 예사로 여기고 당연하다고 했던 말이 떠올랐다.

지금은 우리나라도 직장 여성들을 위한 산후 휴가제나 직장 내

탁아시설에 많은 관심을 갖고 있다. 허나 아직도 선진국에 비하면 미흡한 점이 많다. 앞으로 고학력시대에 걸맞는 제도로 유능한 여성 인재들이 마음 놓고 사회에 진출 할 수 있었으면 좋겠다. 노인들은 손자 보는 일에서 해방 돼 자신들의 황혼을 멋지고 안락하게 꾸려 나갈 수 있는 사회가 되었으면 하는 바람이다.

 가끔 가슴을 조이게 했던 그 아이는 지금 어엿한 고등학교 교사가 되어 교단에서 열심히 아이들을 가르치고 있다. 날개 접은 나비처럼 조용히 고개 숙인 난의 모습에서 인자하셨던 교장 선생님과 외손자를 위해 혼신을 다 하셨던 어머니의 따뜻한 사랑이 피어올랐다.

 그 때 교실에서 아이의 울음소리에 놀란 토끼처럼 동그란 눈으로 집중했던 아이들도 생각났다. 지금쯤 사십대의 중역이 되어 어느 곳에선가 자기의 한 몫을 하고 있을 믿음직한 모습이 어른거렸다. 어린아이의 엄마가 되어 학부모가 되었을 여자아이들의 초롱초롱하고 순박했던 모습도 꽃잎 속에 담겼다

 탈 없이 잘 자라준 아들이 제자들에게 존경받고 동료들에게 믿음을 주는 교사가 되기를 바란다. 황당했던 지난날이 아름다운 추억이 되어 한 송이 난 앞에 우아하게 앉아 있는 여유로 행복이 가득 찬 아침이다.

움집

 토요일 오후 지인과 함께 공주 금강 변에 위치한 석장리 선사 유적지를 찾았다. 겨울바람이 꽤 차가웠지만 맑은 햇살이 봄볕보다 더 따스하게 내려쬐었다. 입구로 들어서자 한산하면서도 정감 있는 광경이 눈길을 끌었다.

 제일 먼저 눈에 띄는 것은 구석기 시대의 주거용이었던 움집이었다. 겉에서 보기에는 아주 좁은 것같이 보였는데 안을 들여다보니 꽤 넓었다. 억새나래로 엮어 만든 집이지만 바람도 막아주고 포근했다. 몽골 인들의 게르와 비슷하다. 동행한 지인은

 "여기서 소꿉놀이 하면 참 좋겠네요."

하며 동심으로 돌아간 듯 웃었다. 나는 문득 어린 시절 고구마 밭에 움막을 지어놓고 고구마를 지키던 친구가 떠올랐다. 또 1970년대 근무하던 학교 뒷산 움집에 살던 우리 반 아이의 까만 눈동자가

아른거렸다.

 아주 옛날 이야기 같지만 50여 년 전에도 가끔 볼 수 있었던 주거형태다. 지금의 안락하고 편리한 주거형태로 변화되어 온 것은 많은 시간이 흘렀지만, 일본 강점기 서울로 돈벌이를 나섰던 노동자들이 살았던 곳도 이런 형태와 비슷했다. 현재도 서울 외곽의 쪽방촌은 어쩌면 움집보다 더 열악한 환경인지도 모른다. 움집을 둘러보면서 새삼 집에 대한 고마운 생각이 들었다.

 '등 따습고 배부르면 되지.' 라는 옛말이 떠오르기도 했다. 가장 기본적인 생활조차 어려웠던 시절을 우리는 잊고 산다. 지금은 집안에서 무엇이든지 가능한 주거형태를 갖추고 살면서도 더 좋은 곳을 찾아 끊임없이 이동한다.

 더 좋은 집을 짓느라고 오래된 집을 허물고 다시 짓기를 반복하다 보니 헌 집에서 나온 폐기물로 자연은 몸살을 앓는다. 우리는 우리가 버린 폐기물 속에 갇히게 되는 것이다. 자연에서 얻어지는 모든 것들이 인간을 살리는데 오염된 공기와 물, 오염된 식재료로 만든 음식 등은 인간을 점점 병들게 하고 서서히 죽어가게 한다.

 오늘날 우리는 세계적인 재앙으로 모두가 몸살을 앓고 있다. '코로나 19' 이게 무엇인가. 인간에게 빼앗긴 서식지를 잃은 동물들이 인간 사회에 침투하여 살다보니 생각지 못한 바이러스와의 전쟁은 끊이지 않고 있다. 그럼에도 불구하고 방역 수칙을 지키지 않아 바이러스 생성을 부추기는 사람들도 많다. 각자가 자기 방어를 하지 않으면 국가의 힘만으로는 감당할 수 없다.

　나폴레옹은 '행복을 사치한 생활 속에서 구하는 것은 마치 태양을 그려놓고 빛이 비치기를 기다리는 것이나 다름없다.'고 말했다. 편리하고 풍부한 것만을 쫓아가다가 이렇게 된 것이 아닌가. 이제부터라도 더 많이 보다는 조금 부족하게, 더 편리하게 보다는 좀 불편한 삶을 살아야 할 때가 된 것 같다.

　따스한 햇볕을 등에 업고 강변길을 걸으니 강바람조차 훈훈했다. 움집에 둘러앉아 화롯불에 주먹도끼를 닮은 고구마를 구어 먹고 싶다. 하얀 눈이 내리는 날이면 더욱 좋겠다. 모든 상념은 유유히 흐르는 강물에 띄워 보내고.

둘째
마당

신화의 나라 그리스

신화의 나라 그리스

    신들의 이야기와 철학자들의 이야기가 꿈틀거리는 그 곳, 한 번 가보고 싶었던 동경의 나라다. 신들의 제왕 Zeus, 바다의 신 Poseidon, 사랑의 신 Erose 등의 이야기가 푸른 에게해 속에서 파도처럼 출렁거린다.

    유럽의 남단에 위치한 이 나라는 남한의 1.5배정도 밖에 안 되는 작은 나라다. 면적은 좁지만 인구가 적어 우리나라보다 넓게 산다. 종교는 인구의 약 97.6%가 그리스정교를 믿고 있으며 화폐는 유로화를 쓴다.

    그리스는 우리나라와 비슷한 점이 많다. 삼면이 바다이고, 70%가 산이다. 또 우리의 백두대간처럼 그리스의 척추라 불리는 삔도스 산맥은 그리스 남북을 횡단하고 있다. 해안선의 굴곡이 심하며 계절은 사 계절로 나뉜다. 지중해성 기후로 여름과 겨울이 길다. 겨울에는 눈이 많이 내려 스키장을 운영한다. 또 영토 분쟁이 끊이지 않아 국방비가 많이 들고 남자는 모두 병역 의무가 있다. 일본이 우리를 지배했던 것처럼 터키의 지배를 받았던 점도 비슷하다.

이 나라는 세금이 없다. 그래서 국가는 가난하고 국민은 부유하다. 주 5일 근무제로 오후 1시 30분에 업무가 종료된다. 오후 2시 30분부터 5시 30분까지는 낮잠 자는 시간(씨에스타)이다. 관공서에서 자기 일은 철저히 하지만 남의 일은 절대 해주지 않는다는 말에 조금은 이기적이라는 생각이 든다. 여름휴가는 2개월이며 멋쟁이가 많고 노는 것이 생활화 되어 있다. 별장과 요트를 대부분 가지고 있기 때문에 거의가 다 마도로스라 할 수 있다.

이곳은 태양 빛이 강렬하여 건물의 색은 대부분 흰색으로 도색되어 있어 매우 깨끗한 인상을 준다. 강한 빛을 차단하기 위해서다. 또 지진이 심하다. 지진 때문에 건물은 모두 저층이며 최고층이 22층이다. 그것도 독재 시대의 불법 건물이다. 지진이 어찌나 심한지 지진으로 땅이 우는 소리가 가장 무섭단다. 그래도 습도가 낮아 그늘에서는 늘 시원하며 겨울에 가장 추울 때가 영상 10도로 사람 살기에 좋은 곳이다.

아크로폴리스

아테네 시에 둘러싸여 처녀의 젖가슴처럼 봉긋이 솟은 아크로폴리스 언덕. 누구나 다 알고 있는 최대의 성지다. 그 곳에는 파르테논 신전, 에레크데이온 신전, 현문 프로필레이아가 있다.

파르테논 신전은 처녀 신 '아테나'를 모신 곳으로 영광스런 위엄을 드러내고, 에레크레이온 신전은 창건 시조 에릭토니아오스를 기념하는 우아한 기품이 넘치는 곳이다. 현문 프로필레아는 들의 도시로 들어가는 입구로 장중하고 화려한 분위기를 자아낸다.

그런데 이곳은 페르시아 전쟁으로 그 눈부신 대리석 도시가 시커먼 잿더미로 변했다고 한다. 포세이돈의 샘물이 말라붙고 '아테나' 여신이 선물한 올리브 나무도 뿌리까지 눌러 붙었다고 한다. 지금 이 곳은 페리클레스에 의해 재건된 것이다.

이 건축물에 들어간 대리석이 이만 이천 톤. 대리석 산지인 펜텔리콘 산이 거덜났다니 그 규모가 얼마마한 것인지는 보지 않고는 짐작 할 수 없다. 높이 백오십육 미터나 되는 아크로폴리스 언덕까지 집채만 한 대리석을 끌어올리기까지 얼마나 많은 사람들이 참여했을까. 이집트의 신전과 피라미드 건축에 놀란 가슴이 이곳에서 다시 한 번 놀란다.

최초 아홉 채나 되었던 옛 신전들의 폐기물은 아크로폴리스 터를 넓히고, 지반 개량 보강제로 사용하거나 바깥 성벽의 축성 재료로 쓰였다. 재건축 하는데 십여 년이 걸렸다지만 그 결과 수천 년을 어마어마한 관광 수입을 올리고 있으니 놀라지 않을 수 없다.

고대 올림픽 경기장

　1896년 제 1회 고대 올림픽이 열렸던 곳이다. 광장 정문 우측으로 복원 비용을 부담한 알렉산드리아 출신인 부자 게오르기오스 아베르프의 동상이 서 있다. 경기장 안의 오른 쪽에는 역대 올림픽이 열렸던 도시의 이름이 적힌 비석이 서 있다. 그 중에 우리나라도 끼어있다는 사실에 가슴 부듯했다. 역대 올림픽 위원장의 이름이 적힌 비석도 서 있다. 왼쪽으로는 여섯 개의 비에 역대 올림픽에서 획득한 금, 은, 동 매달 수상자의 명단이 연대 및 장소와 함께 기록되어 있다.

　오륜기가 펄럭이는 이 경기장에서 우리는 날아갈 듯 세게 불어오는 바람을 안고 가방을 등에 맨 채 경기장 트랙을 달렸다. 마치 올림픽 경기 선수라도 된 기분이었다. 경기장 모양은 옛 그대로 말발굽 모양이었다. 관람석은 모두 대리석이었다. 육만구천 명을 수용할 수 있다는 관람석 중간에 등받이가 있는 귀빈석에서 우리는 왕과 왕비처럼 부부끼리 폼을 잡고 사진을 찍었다. 올림픽 경기장을 실제로 돌고 사진을 찍었다는 사실이 꿈을 꾸는 것 같았다.

또 재미있는 것은 경기장 안에 있는 두 개의 동상이다. 고대 올림픽 경기 선수를 상징하는 것이다. 하나는 성기가 땅을 향하는 젊은 선수다. 아무리 젊고 혈기가 왕성해도 운동을 게을리하면 참된 선수가 아님을 상징하고 있다. 또 하나는 성기가 하늘을 향하는 늙은 선수의 모습이다. 자기 몸을 가꿀 줄 알고 내면적 완숙도가 높은 참된 선수를 상징하는 것이다. 모두가 그 모습을 보며 배꼽을 쥐고 허리가 잘록해지도록 웃었다.

지금은 마라톤 경기의 결승점과 시민의 집회 장소로 사용되고 있다. 또 음악 공연이 열리기도 한다. 경기장 바로 맞은편에는 대통령궁과 수상 관저가 있는데 경비병이 몇 있을 뿐 일반 주택가나 다름이 없었다.

에게해 크루즈

비취와 에메랄드를 한꺼번에 뿌려 놓은 듯 바다는 아침 해를 안고 물고기처럼 파닥였다. 하늘인가 바다인가 구분이 안 가는 푸른 세상에 하얗게 옷을 입은 유람선과 요트들의 몸놀림은 아름답다 못해 눈이 부셨다.

잔잔한 물결을 가르며 유람선은 항해를 시작했다. 모두가 단단히 준비를 하고 배에 올랐는데도 멀미가 났다. 처음에는 참을 만하다니 김선생이 토하기 시작하자 더 울렁거렸다. 언제나 여행길에 도우미처럼 나를 챙겨 주던 그가 오늘은 웬일인지 더 멀미를 했다. 할 수 없이 그도 나이를 먹은 모양이었다. 항상 활기가 넘치는 그였는데 오늘은 에게해의 출렁임에 항복을 하고 말았다.

옆에 있던 남선생이 친절히 돌보아 주었다. 나는 큰 빚을 진 것 같았다. 이런 날 조금이라도 도움이 되어야 하는데 내 몸 가누기조차 힘들어 아무런 도움을 주지 못했다. 조금만 움직여도 뱃속의 창자가 다 따라 올라올 것만 같았다. 그는 자는 것 같더니 더 이상 참지 못하겠는지 남편의 부축을 받고 이층 선실에 오는데 어린아이처럼 눈물을 줄줄 흘리고 있었다. 너무 괴로운 모양이었다. 그가 여행에서 그런 것은 처음이었다. 어떻게 도울 수가 없어 안타까웠다.

얼마를 갔을까. 이드라 섬에 도착하자 함께 내렸다. 맑은 공기를 마시더니 금방 좋아졌다. 멀미로 정신이 몽롱해 바다를 따라 나선 주변의 경관을 놓치고 말았다. 바닷가 언덕 위에 촘촘히 들어선 하얀 집. 마치 꿈나라 같았다. 연예인과 거부들의 섬이라 불릴 만큼 그들의 호화 별장이 빼곡히 들어서 있었다. 또 금, 은세공업자, 독립 운동가, 선장들의 대저택이 들어차 있었다. 세계에서 가장 유명한 지구본은 이곳에 있다고 했다.

에게해가 연중 파도와 구름이 없는 것은 제우스신이 사랑하는 연인들을 마음 편하게 하기 위해서란다. 그 이야기처럼 하늘은 맑고 바닷물은 가슴 절였다. 하늘과 바다, 바다와 하늘, 그 사이에 서 있는 우리는 모두 에메랄드로 변해 버릴 것 같았다.

이드라 섬은 환경 보호 차원으로 청소차 외 차량은 진입이 금지되어 있다. 보트와 나귀가 유일한 교통수단이다. 다 같이 기념사진 한 장 찍고 다시 유람선에 올라 점심 식사를 했다. 아직도 몽롱한 상태로 맛을 알 수가 없었다.

지루한 시간을 달래기 위해 선상에서는 민속춤 공연이 있었다. 댄서들이 시범을 보이고 관광객 중에서 원하는 사람들은 누구나 나와서 함께 할 수 있었다. 음악이 경쾌하고 동작이 쉬워 따라해 보고 싶었는데 어제 이집트에서 넘어진 다리가 아파 아쉬웠다. 날씬한 노선생과 남선생이 함께 동참하는데 보기 좋았다. 계속 이어지는 공연도 더는 볼 수가 없어 뒤로 가 빈자리를 찾아 누웠다. 빨리 배에서 내리고 싶은 심정이었다.

낮에 맑은 바닷물 속에서 유유히 떠다니던 물고기가 눈에 어른거렸다. 오염되지 않은 깨끗한 바닷물이 부러웠다. 크루즈 여행은 어디나 비슷했지만 이곳의 하늘과 바닷물은 유난히 맑고 파랬다.

교육제도

동행한 사람 모두가 전, 현직 교사이기에 교육제도에 특히 관심이 더 있다. 이 나라는 빼다고스 제도라는 것이 있다. 부모가 자녀를 학교까지 데려다 주고 데려오는 것이다. 만일 부모가 할 수 없을 때는 대리모를 사서 부모의 역할을 맡긴다. 그로 인해 범죄가 없는 사회를 만들었다고 한다.

어린이를 기를 때는 보모와 눈 맞춤(볼체크)을 해야 한다고 한다. 대리모(빼다고라스)는 훌륭한 인품을 가진 어른을 선택한다. 또는 철학자를 선택하기도 한다. 이 나라는 선생님을 매우 존경한다. 선생님을 다스칼로스라 하는데 이는 모든 좋은 것을 다 가진 사람이란 뜻이다.

학제는 우리와 같다. 유아원, 유치원, 초등 6년, 중등 3년, 고등 3년, 대학 4년으로 되어 있다. 학생의 천국이라 할 만큼 무상 교육과 각종 편의 제도가 많았으나 몇 년 전부터 재정난으로 특전이 줄어들고 있다. 초등학교 3학년부터 종교 과목으로 성경을 가르친다. 대학교는 사립학교가 있고, 한 반에 16 - 24명 정도다. 그러므로 대학 진학이 어렵다.

초등학생들의 하교시간은 1-2학년은 11시 30분, 3-4학년은 12시 30분, 5-6학년은 1시 30분으로 되어 있다. 우리의 현실과는 아주 다르다. 그곳의 학생과 교사 모두 행복하다는 생각이 들었다. 오후 늦게까지 학교생활을 하다 그것도 모자라 하교와 동시에 학원으로 달려가야 하는 한국의 어린이가 측은한 생각이 든다.

5세 이상의 어린이를 빼제라 한다. 5세 미만의 어린이를 테크노라 하는데 5세 미만의 어린이에게만 매를 들을 수 있다. 즉 신체적 언어(테크노놀리지)를 사용하는 시기다. 아기라고 무조건 받아만 주는 우리의 교육 방식과는 아주 다르다. 더 자라면 대화로 아이들의 교육을 한다. 정말 타당하다는 생각이 들었다. 어릴 때 교육이 중요하다는 것은 누구나 다 알면서 무방비 상태로 기르는 신세대 엄마들의 교육방식을 고쳐야 할 것 같다.

자모회는 한 달에 한 번씩 하고 개별적으로 선생님을 찾아가지 않는다. 학급에서는 일 년에 두 번 파티를 하며 아이들 용돈으로 간단한 간식을 준비한다. 치맛바람으로 촌지의 말썽을 일으키는 우리와 비교하지 않을 수 없다. 일예로 한국에서 유학 간 아이의 부모가 선생님의 속옷 한 벌을 가지고 찾아갔다. 그것은 너무 비싸 받을 수 없지만 한국인이 주는 귀한 선물이라 특별히 받는다며 그 속옷을 아이들 앞에서 펴 보였다 한다. 그는 이십 년이 넘은 교직 생활에 이처럼 비싼 선물을 받기는 처음이라 했다. 다시 한 번 반성을 해야하지 않을까 하는 생각이 들었다.

교사들의 정년은 25년인데 그 학교의 인정을 받으면 학부모와 학교장의 추천으로 연장 근무를 할 수 있다. 또 정년을 넘긴 교사만이 아이들에게 매를 들 수 있다. 그러므로 우리처럼 교사들의 처벌이 문제가 되는 일은 없다. 입에 침이 마르도록 설명을 하는 가이드의 이야기를 듣는 동안 이 나라의 교육 방식에 쏙 빠져들었다.

아무튼 그리스는 신화 속의 아름다움만큼 살기 좋고 부러운 나라였다. 그 밖에 인상 깊었던 것은 국회 의사당 앞에서 펼쳐지는 교대식이다. 경비병이 그리스 전통 복장인 술이 달린 신발, 스커트, 스타킹, 모자, 그리고 병사들의 조각 같은 얼굴과 대비된 느린 동작의 교대(정시 기준 매 시간마다) 등은 볼 만하다. 매주 일요일 오전 열한 시에는 군악대를 동원하여 볼거리를 제공한다. 또 늘 북적거리는 우리의 지하철역과는 반대로 한산하고 조용한 지하철역의 아주 깨끗이 정돈된 모습이 낯설었다.

에게해 주변의 아름다운 경관, 아크로폴리스 언덕에서 내려다 본 아테네시의 모습, 올림픽 경기장, 유명한 철학의 아버지 소크라테스의 감옥 등이 주마등처럼 스쳐 지난다. 다시 볼 수 없을지도 모를 그리스. 아름답고 깨끗한 나라. 만약에 또 올 기회가 주어진다면 바다 위 가득 정박해 있는 호화 요트를 한 번 타보고 싶다.

(2004.3)

어느 토요일

영찬이와 함께

 토요일이다. 찬이가 유치원에 가지 않는 날이다. 어떻게 해야 즐거운 하루가 될까 걱정이다. 따뜻한 날에는 놀이 공원이나 동물원 등으로 갔는데 날씨가 제법 쌀쌀하다.
 찬이에게 물어보았다. 어제 비둘기 보러 가자고 하다가 늦어서 못간 서대전 광장과 이마트를 가자고 한다. 이마트는 제 어미와 찬이가 자주 가던 곳이다. 이마트를 거쳐서 서대전 광장으로 가 보기로 했다.
 이른 아침부터 나가자고 조르는 것을 해가 오르면 가자고 달래 11시쯤 출발했다. 마트에 가서 책 몇 권을 사고 장갑을 사 줬다. 쇼핑보다는 먹는 것이 더 좋은 아이는 그만 사고 점심 먹으러 가자고 할아버지 옷자락을 끌어당긴다. 휴일이라서 시식 코너는 부모의 손을 잡고 나온 아이들로 북새통이다. 식탁마다 세, 네 명의 가족이 옹기종기 앉아 있는 모습이 정겹다.

 사방을 둘러보아도 이십대 삼십대 부부들이다. 할아버지 할머니는 우리뿐이다. 행여 찬이가 엄마 아빠와 둘러 앉아 있는 아이들을 보고 제 엄마 아빠 생각을 하지 않을까 마음이 조인다. 허나 언제나 활기가 넘치는 찬이는 아랑곳하지 않고 음식을 주문한다. 자장면이다. 예나 지금이나 아이들은 자장면을 좋아한다.

 찬이는 어느새 급수대에 가서 물을 받아들고 온다. 고사리 같은 손으로 엎을까 봐 조심조심 들고 오는 모습이 도토리를 움켜쥐고 있는 다람쥐처럼 귀엽다. 주문을 하고 기다리는데 전광판에 우리 번호가 나왔다. 무엇이든지 제가 하려고 하는 찬이는 벌떡 일어나 쏜살같이 급식대 앞으로 달려간다. 찬이와 함께 자장면을 받아 들고 왔다. 자장면을 쭉쭉 빨아들이더니, 배가 부른 모양이다. 이제 후식을 달란다. 아이스크림을 사 주었다. 맛있게 먹던 찬이는

 "오늘은 왜 이런 것 사 줘요?"

하고 묻는다.

 "찬이가 유치원에 잘 가고 할머니, 할아버지 말씀 잘 들어서 사주는 거지."

 "그럼 유치원에 잘 가면 또 사 주겠네요?"

 "그렇고말고. 다음에는 더 맛있는 것 사 주지."

 "내가 사 달라면 무엇이든지 다 사 줘요?"

"그럼, 하지만 필요 없는 것은 사면 안 되는 거야."

"네, 할아버지."

언제나 손자에게만은 주머니를 활짝 여는 인심 좋은 할아버지와 손자는 신바람이 났다. 참새처럼 종알대는 입도 야무지다. 손자 덕분에 우리는 오늘 삼십대가 되어 맛있는 점심 식사를 했다. 손자를 길러 주면 바싹 늙는다고 하는데 오히려 더 젊어지는 것 같다.

이제 배는 불렀으니, 비둘기를 보러 갔다. 광장에는 날씨 탓인지 사람이 별로 없었다. 비둘기가 모여 있는 곳에 초등학생으로 보이는 아이들이 비둘기를 몰고 있었다. 찬이도 금세 한 패가 되어 이리 뛰고 저리 뛰고 신명이 났다. 움직이는 것을 좋아하는 찬이는 할아버지에게 달리기 시합을 하자고 했다. 겉옷을 벗어 던지고 준비 자세를 취하는 손자를 따라 우리도 함께 달렸다. '준비, 땅.' 신호와 함께 잔디밭을 힘껏 달렸다. 언제나 찬이가 일등이다.

한 편에서 부자가 공놀이를 하고 있었다. 찬이는 또 그곳에 끼어들어 제 공인 양 이리 차고 저리 차고 주인은 찰 새가 없다. 유순하게 생긴 부자는 찬이에게 공을 던져 주며 함께 놀아 주었다. 하는 수 없이 주차장으로 가서 차 트렁크 속에 있는 공을 가져왔다. 넓은 잔디밭에 나오니 속이 후련한가 보다. 격주로 한 번 만나는 엄마 아빠를 만나지 못한 서운함도 잊었나 보다. 공을 따라 다니느라 땀으로 범벅이 되었다. 바람이 차가워 비둘기만 보여 주고 집으로 오려고 했는데 오히려 땀으로 흠뻑 젖었다. 저도 힘들었는지 집에 가자는 말에 순순히 따라 왔다.

열이 펄펄 나나 보다. 차에 오르자마자 에어컨을 켜 달란다. 창문을 활짝 열고 오는데도 좀처럼 식지 않는 모양이다. 참 재미있으니 다음에 또 오자고 한다. 이만하면 오늘 하루도 성공이다.

오는 동안 계속 조잘거리더니 스르르 잠이 들었다. 피곤한가 보다. 여덟 살이 되면 엄마 따라 학교에 갈 테니, 일곱 살 까지만 돌보아 달라는 녀석. 이제 겨우 다섯 살 밖에 안 된 아이의 입에서 어떻게 그런 말이 나오는지 기특하기만 하다. 저를 돌보아야 하니까 할아버지 할머니가 밥을 많이 먹고 백 살까지 살란다. 찬이 덕분에 건강하고 오래 살아야 하는 구실도 생겼다. 하마터면 필요 없는 늙은 이로 나이를 먹을 뻔했는데 말이다.

가끔은 생떼를 부려 진땀을 빼기도 한다. 허나 언제나 밝고 활기찬 녀석을 보고 있노라면 절로 엔돌핀이 솟는다. 지인들은 날 보고 손자를 보더니 더 젊어졌다고 한다. 그도 그럴 것이다. 녀석의 재롱에 박장대소를 하기도 하고 너털웃음을 웃기도 하니까. 그 웃음 속에는 엔돌핀보다 200-300배 더 강한 호르몬이 생긴다고 한다. 그것을 세라토닉이라고 하는데 우리 몸의 암 세포를 죽이는 엔케이 세포(Nature Killer Cell) 같은 자연 살해 세포가 증가한다고 한다.

또 봉사자의 침 속에는 면역 기능을 강화하는 물질이 보통 사람보다 50%이상 더 들어있다는 연구 결과도 있다. 이를 '데레사 효과'라고 부른다. 심리적 만족과 안정감을 느낄 수 있기 때문이다. 미국에서도 장수하는 사람들을 조사해보니 남을 위해서나 가족을 위해서 봉사를 열심히 한 사람들이라고 한다.

　먹고 놀고 즐기는 것만이 행복한 인생은 아니다. 하느님은 고통이라는 보자기에 축복을 싸서 보내신다고 했다. 그 고통을 끌어안을 때 우리는 행복을 얻을 수 있다.

배터리

아침 일찍 병원에 가려고 자동차 시동을 걸었다. '가르르륵' 가래 끓는 소리를 내더니 아예 꺼져 버렸다. 며칠 전 우체국에 가던 날 아침에도 심상치 않은 소리를 내다가 바로 시동이 걸렸다. 날씨가 추우니 그 뒤로 가끔 시동을 걸어 준다는 것을 깜박 잊었다.

기껏해야 이틀에 한 번씩 목욕탕에 가고 주1-2회 문화 센터에 가는 일이 자동차의 주 업무였다. 또 마트나 은행에 가는 일 말고는 할 일 없는 차다. 겨울이 오기 전에 처분을 하고 대중교통을 이용하거나 가까운 거리는 운동 삼아 걸어다니는 것이 좋겠다는 생각도 해 봤다.

게다가 1년이 다 되도록 코로나 19로 인해 승용차의 외출이 거의 중단 되었다. 오랫동안 주차장에 서 있다가 방전이 된 것이다. 서비스 센터에 요청하여 겨우 시동을 걸었다. 30여분 동안 시동을 끄면 안 된다기에 곧장 병원으로 가지 못하고 동네를 크게 한 바퀴 돌았다.

이튿날부터 마트도 다녀오고 가까운 쇼핑센터도 들르며 자동차 운동을 시켰다. 그러다가 며칠 세워놓았더니 또 투정이다. 이제는 시동을 걸자 아예 '찌릭' 하더니 꺼져 버렸다. 다시 서비스 요청을 했다. 긴급 출동한 기사는 시동을 걸며, 배터리가 좀 오래 되었으니 교체하는 것이 좋겠다고 했다. 나는 그의 말대로 배터리를 교체하기로 했다. 그가 가지고 출장을 다니기 때문에 5분여 만에 교체를 했다. 새 배터리를 끼어 넣고 주행을 하니 차가 나르는 기분이었다.

사람도 마찬가지다. 얼마 전 날씨가 고르지 못해 일주일을 나가지 못하고 집에 있었다. 그러다가 친구와 늘 걷던 천변을 걸었다. 그날따라 다리에 배터리가 나갔는지 평소와 같은 거리를 걸었는데 몹시 피곤했다. 이튿날, 쉬었으니까 괜찮으려니 생각하고 친구와 인근 산책로를 걸었다. 걷는 도중에 다리가 후들거리고 힘이 없더니 쥐가 났다. 가던 길을 멈추고 벤치에 앉아 같이 가던 친구가 내 발 끝을 꺾으며 마사지를 해 주었다. 한참을 쉬었더니 걸을 수 있었으나 끝까지 가지 못하고 되돌아 집으로 향했다. 집에 오는 동안 탱탱해진 종아리가 풀리지 않아서 매우 불편했다.

오늘은 태풍 주의보와 눈비가 예보되었다. 밖에 나갈 수가 없어서 방전을 예방하려고 아파트 계단 오르기를 했다. 몇 달 전 방송에서 소개하는 것을 보고 연습을 했더니 잘 오른다. 물론 나이가 있으니 속도를 조절하면서 올라야 한다.

연식이 오래될수록 사람이나 기계나 사용하지 않고 놔두면 무용지물이 된다. 무병장수를 꿈꾸는 모든 사람들이 매일 열심히 운동을 하는 이유다. 걷기만 해도 웬만한 병은 치유된다고 한다. 계단 오르기를 했더니 20여분 만에 온몸이 촉촉하게 땀이 났다. 나이 들수록 몸을 움직여야 한다. 새삼 운동의 중요성을 다시 생각해 보았다.

사십년 만에 떠난 여행

1

며칠 전부터 그이는 여행지를 정하고 숙소를 예약하느라 고심했나 보다. 처음에는 가까운 지리산에 가서 1박을 하자고 하더니, 갑자기 3박 4일 일정으로 동해안을 거슬러 올라가 보자고 한다. 장소가 어디든 며칠을 머무는지 상관할 바가 아니다. 둘이서 만은 사십년을 벼러 떠나는 여행이니 그저 홀가분하게 떠나고 싶을 뿐이다.

헌데, 하필이면 떠나기 전날 종일 추적추적 비가 내렸다. 비가 내린 후 기온이 뚝 떨어진다는 일기예보가 마음에 걸렸다. 또 한 시간 이상만 운전을 해도 부담스러워 하는 고희를 눈앞에 둔 남편의 건강도 걱정이 됐다. 해서 몇 번을 되물으며 힘들면 취소하라고 했다. 그이는 지금 떠나지 않으면 자가운전으로 장거리 여행을 할 수 없을 것 같다며 일단 떠나자고 했다.

예정대로 출발했다. 안개가 자욱했다. 안개 낀 날은 날씨가 좋다 하니 마음이 놓였다. 차츰 베일 속 가을 풍경이 황홀하게 펼쳐지기 시작했다. 확 트인 도로엔 차가 드물어 생각보다 쉽게 목적지에 도착했다. 지방도에 진입하자 사과 밭에 사과가 마치 한 여름 배롱나무에 빨갛게 핀 꽃숭어리처럼 다달다달 매달렸다. 사과로 유명한 청송이라는 것을 한눈에 알 수 있었다.

주왕산 입구에서부터 오색단풍이 환영을 한다. 가끔 하얀 머리칼을 나부끼며 추임새를 넣는 억새도 일품이다. 임도를 따라 나서는 기암괴석들이 장관을 이룬다. 중국의 구채구를 축소해 놓은 듯한 제1폭포가 만들어 놓은 작은 소가 발길을 잡는다. 네 개의 작은 소를 층층으로 이룬 폭포수가 쪽빛으로 찰랑거린다. 바위틈으로 난 데크 길은 중국 천문산 귀곡잔도를 연상케 한다.

끝까지 가지 못하고 중간에 하산을 해 아쉬움을 남긴 채 칠보산에 잡아놓은 숙소로 향했다. 산허리를 휘감은 구절양장과 같은 길은 현기증이 났다. 병풍을 친 듯한 산이 황금빛으로 물든 낙엽송으로 덮여 눈이 부셨다. 마치 황금성에 들어온 듯 황홀했다. 한 계절을 갈무리하는 진홍색 단풍의 배웅을 받으며 하루를 접었다.

아름다운 석양이 산머리를 붉게 물들이더니 오색 산봉우리가 하나씩 잠들기 시작했다. 산속은 금세 칠흑같이 어두워졌다. 간간이 눈 뜬 가로등과 자동차 헤드라이트가 구불구불 산길을 안내 했다.

해마다 보는 단풍이지만 오늘 따라 유난히 고왔다. 마지막 가는 길에도 고운 자태로 사람들의 마음을 사로잡는다. 아무런 욕심 없이 비가 오면 비에 젖고, 바람이 불면 바람에 흔들리며 세월을 탓하지 않은 까닭이리라.

과연 지금 우리는 무슨 빛으로 물들어 가고 있을까. 버린다면서 버리지 못하고 어깨를 누르는 무게는 무엇일까. 이제라도 더 저물기 전에 다 털어버리고 홀가분한 마음으로 뒷모습을 곱게 치장해야지. 참 오랜만에 밤하늘 별들의 속삭이는 소리도 들리는 듯했다.

2

숲속의 아침이 상쾌하다. 자동차 위에 하얗게 덮인 서리마저 정겹다. 소나무 사이로 얼굴을 내미는 햇살이 눈부시다. 오랜만에 장거리운행으로 많이 피곤해 했던 그가 이른 아침부터 자동차를 매만지는 것을 보니 피로가 풀린 모양이다.

어제는 하루 종일 단풍에 온 몸이 알록달록 물들었는데, 오늘은 푸른 바다다. 동해안 경관을 따라 설악산의 미천골 숙소까지 갈 예정이다. 간단한 식사지만 '숲속의 집'에서 먹는 아침은 꿀맛이다. 숲속을 빠져나가자 곧 푸른 동해가 눈앞에 펼쳐진다. 가슴이 뻥 뚫리는 기분이다.

수없이 보아온 바다가 생전 처음 보는 것처럼 신비롭다. 해변을 따라 달리다 멈춘 곳은 평해 월송정이다. 월송정越松亭은 중국 월越나라에서 소나무를 가져와 심어서 '월송정越松亭'이라고도 하고, 신라 화랑들이 달밤에 이곳에서 놀았다 해서 '월송정月松亭'이라고 부르기도 한다. 소나무 숲을 지나 정자에 오르니, 푸르다 못해 눈이 시린 바다가 출렁출렁 다가온다. 싱그러운 솔향기와 파리한 달빛에 젖어 파도와 벗이 되어 노닐던 화랑의 모습을 잠시 그려본다. 푸른 하늘과 푸른 바다가 맞닿은 혼돈의 수평선. 넘실대는 파도의 울음소리가 웅장하다.

'은으로 된 산을 깎아내어 온 세상에 흩뿌려 내리듯
오월 드높은 하늘에 백설은 무슨 일인가'
— 정철의 「관동별곡」 중에서

정철은 동해바다(파도)의 풍경을 이렇게 읊었다.

끝이 보이지 않는 망망대해. 뭍을 향해 달려오는 물 떼. 달리다 숨이 차면 비취빛 언덕으로 벌떡 일어서서 한숨 몰아쉬고 일제히 부서져 내리는 은빛 포말. 부서졌다가는 다시 벌떡 일어서고, 일어섰다가 또 다시 부서져 내리기를 수천만 번. 비행기를 타고 몇 시간을 달려가 본 하와이의 와이키키 해변보다 몇 배 더 아름답다.

아직도 눈에 삼삼한 것은 죽변의 '폭풍 속으로' 영화 촬영지다. 미로처럼 만들어 놓은 해변의 작은 언덕에 대숲 길은 우리를 40년 전으로 끌고 갔다. 연인의 흉내라도 내듯 슬그머니 손을 잡고 걸었다. 보는 이도 없는데 왜 쑥스러울까. 우리는 평생연인이 아니던가. 그곳에서 그대로 머무르고 싶었다.

경관이 좋은 쉼터마다 쉬엄쉬엄 올라가다가 삼척 용화 레일바이크 역에 도착했다. 정선의 레일바이크는 산천을 선사했다면 이곳에서는 역시 넘실대는 동해다. 평일인데도 갈매기 떼처럼 모여든 관광객들, 가끔 외국인들이 눈에 띄기도 했다. 레일바이크를 타고 통과하는 터널 속 조명에 모두 탄성을 울렸다. 종착역까지 동행하는 바다와 해풍으로 잎을 키워온 청청한 소나무에 온몸이 파랗게 물들었다.

어디서부터 오는 것일까. 목울대를 세우고 고함을 치는 푸른 파도의 고집은 오르지 뭍을 향해 달리는 것이다. 억만년 달리는 것 밖에는 모르는 외길. 바위에 부딪쳐 형체도 없이 산산이 흩어질지언정 한 번도 포기하지 않는 집념이다. 한 평생 산다는 것 파도가 되는 것이리라. 우리의 뭍은 어디쯤일까. 아니 진작에 도달했는지도 모르고 살아왔는가. 진종일 지친 파도를 석양에 잠재운다.

3

여행 삼일 째다. 일찍 서둘러 설악산으로 향했다. 어제 들어올 때는 어두워 주변의 경관을 볼 수 없었다. 몇 년 전 여름휴가로 설악산에 들러 백담사를 간 적이 있다. 물론 여름 계곡의 시원한 물소리도 청아했지만, 활활 불을 지핀 듯한 설악은 환상적이다. 캐나다의 단풍에 비할 바가 아니다. 역시 설악은 가을이 제격이다.

주차장에 다다르니 벌써 만원이다. 다행이 앞에 빈자리가 있어 안내원의 안내에 따라 주차를 할 수 있었다. 권금성을 지나 탐방로로 향했다. 30여 년 전 직원 여행 왔을 때 흔들바위까지 간신히 올랐던 기억이 났다. 해서 이번에는 비선대 쪽으로 발길을 돌렸다. 한 시간쯤 걸어 비선대에 당도했다. 기암절벽 사이에 한 장의 바위가 못을 이루고 있는 곳이다. 와선대에 누워 주변 경관을 감상하던 '마고'라는 선비가 하늘로 올라갔다하여 부쳐진 이름이란다.

비선대 철다리를 건너면 왼쪽으로 천불동 계곡이 있고, 오른쪽으로 하늘을 찌를 듯 우뚝 솟은 미륵봉이 보인다. 미륵봉 허리에 작은 구멍이 보이는데 그곳이 금강굴이다. 며칠 전 지인들과 양쪽을 다 다녀간 그이는 설명을 하며 그곳을 갔다 오기는 어려우니 그만 되돌아가자고 했다.

그런데 앞으로 다시는 이곳에 못 올지도 모른다는 생각에 혼자만이라도 올라가고 싶었다. 남편은 3일 간이나 운전을 하느라 힘 든 모양이다. 못 미더워하면서도 다른 탐방객들이 많으니 동행해 갔다 오라고 했다. 거리상으로는 600m라고 표시 되어 있지만 깎아지른 듯한 경사가 겁이 나기도 했다.

 올라도, 올라도 끝이 보이지 않았다. 땀이 비오듯 쏟아졌다. 힘들 때마다 온 길을 되돌아보며 천불동의 비경을 향해 가족들의 이름을 목청껏 불렀다. 뒤돌아 볼 때마다 구름에 가렸던 산봉우리가 기이한 자태로 베일을 벗고 하나씩 나타났다. 신선이 금방이라도 내려올 것 같았다. 울컥 눈물이 솟구쳤다. 무슨 눈물일까. 여기까지 오를 수 있어 감사의 눈물일까, 아니면 비경에 감탄하여 나오는 눈물일까. 보는 이 없으면 통곡이라도 할 것 같았다.

 드디어 마지막 일곱 계단만 남았다. 다시 한 번 천불동 계곡을 향해 손자의 이름을 외치고 힘을 얻어 조심조심 올라갔다. '후유' 긴 한 숨을 내쉬며 금강굴에 발을 디뎠다. 이곳은 원효대사가 수행하던 곳이며, 그가 지은 '금강 삼매경' 의 글자를 따서 금강굴이라 했단다. 단아한 보살님이 칡차를 팔고 있었다. 목이 타 단숨에 한잔 들이키며 잠시 달구어진 몸을 식혔다.

 여기를 올라올 수 있다는 것이 기적 같았다. 언제 또 올 수 있으려나. 뒤돌아 또 한 번 쳐다본 천불동 계곡, 부처님의 형상이 천여 개가 있어 붙여진 이름이라는데 정말 아름답다. 이곳에 오르지 않고는 설악의 진면목을 알 수 없으리라.

| 둘째 마당 | 신화의 나라 그리스

그이와 함께 걸어온 사십년, 그 길은 어떤 모습일까. 금강굴을 향해 오르듯 땀 흘리며 걸어온 길. 때로는 힘들고 도망치고 싶은 날도 있었지만, 그래도 아름다웠다고 말하고 싶다. 기다리다가 걱정이 돼 중턱까지 마중 온 남편과 함께 하산을 했다.

4

아쉽지만 되돌아가야 한다. 단풍 보러 왔다가 백설을 마주하면 어쩌나 했는데 그것은 우려였다. 4일 동안 날씨가 아주 청명했다. 챙겨온 두터운 겨울옷이 무색했다.

그동안 수없이 여행을 했지만, 늘 지인들과 동행을 하거나 가족들과 함께 했다. 물론 나름대로 모두 뜻있고 즐거운 여행이었다. 무엇이 우리의 발목을 그렇게 붙잡았는지 이렇게 여유 있는 여행은 40년 만에 처음이다.

여행이란 일상에서 영원히 탈출하는 것이 아니라 좀 더 새로워진 나를 만나는 통로이며, 넓어진 시야와 마인드, 그리고 가득 충전된 에너지를 가지고 일상으로 돌아오는 것이라 했다.

그렇다. 그동안 국내외를 돌아다니며 시야를 넓혔다면 이번 여행은 자신을 만나고 서로를 바라보며 사랑과 신뢰를 충전해 돌아온 것이리라. 서로의 모습을 보면서 이제는 우리도 황혼 길을 가고 있구나 하는 생각도 들었다. 남편의 얼굴을 쳐다보니 측은지심이 들기도 했다.

그 동안 살아오면서 너무 많은 것을 그에게 요구하고 받기만 한 것 같다. 40년 전 야망 가득 찼던 젊은이가 이제 고희를 눈앞에 둔 백발의 노인이 되었다. 앞으로는 백세 시대라 하지만 누구나 다 그렇게 사는 것은 아니다. 행여 장수를 한다 해도 늘 지금처럼 건강하리라고 누가 장담하겠는가. 그도 그런 생각을 했기에 더 미루지 않고 용기를 내서 떠난 것이 아닌가.

가끔 남편은 내가 토라진 듯하면 '세상에 태어나 가장 잘 한 일은 당신과 결혼한 일이야.' 라고 말을 하며 웃기곤 한다. 농담처럼 들어 넘겼지만 그 말이 진심이 되도록 살아야하지 않겠는가. 우리에게 주어진 시간이 얼마인지는 알 수 없다. 하와이의 와이키키 해변을 물색케 하는 동해의 푸른 물처럼 맑게, 캐나다의 단풍 버금가는 설악의 오색단풍처럼 곱게 살아가야겠다. 그래서 뒤 따라 오는 이들이 우리의 발자국을 밟아도 부끄럽지 않게 말이다.

유태인은 살아가는데 세 개의 기둥이 필요하다고 했다. 종교와 가족, 그리고 기부하는 것이 우리 삶을 지탱해 주는 기둥이란다. 그 중에서도 가장 살아가는 힘이 되는 것은 가족인 것 같다. 가족 중에서도 바로 배우자가 아니겠는가. 하루에도 몇 번씩 티격태격 하면서 사는 것이 부부지만 없어서는 안 되는 삶의 기둥이라는 것을 다시 한 번 확인하는 시간이었다. '육십 대의 모든 이여, 아직 떠나지 않았으면 일흔이 되기 전에 지금 바로 떠나라.'고 말하고 싶다.

등산로

아파트 뒤에 작은 동산이 있다. 일명 도안공원이라 불린다. 이곳에 이사 온 지 벌써 15년이 지났다. 차를 타고 가지 않아도 갈 수 있는 산이 있어 참 좋다.

보기에는 아담하지만 그 산을 제대로 돌아보자면 몇 시간이 소요된다. 산 가운데로 난 길을 따라 끝까지 가면 옥녀봉이다. 이곳을 정상이라 한다. 집에서 출발해 옥녀봉까지 갔다 오려면 1시간 30분 쯤 소요된다.

처음에는 사람들이 모두 옥녀봉 가는 길로만 다녔다. 가끔 옆으로 난 길을 따라 가면 좀 가까운 소태봉에 오를 수 있었다. 그런데 주변에 아파트 단지가 한둘 들어서다보니, 산을 찾는 인파가 차츰 늘었다. 15년 전 오솔길처럼 보였던 등산로가 점점 넓어지는가 하면, 샛길이 생기기 시작했다. 가운데 길이 아니면 으슥해 혼자 가기는 좀 무서웠으나, 이제는 샛길도 훤하게 뚫렸다.

2, 3년 전만 해도 혼자 산에 오르기가 두려웠다. 꼭 누구라도 동행을 해야 갔다. 지금은 혼자서 집을 나설 수 있다. 산 입구에 들어서면 앞서거니 뒤서거니 많은 사람들이 줄지어 간다. 저절로 동행이 된다. 구청에서는 구민들의 편리를 위해 등산로를 다듬고 전등도 달았다. 새벽이나 밤에 산에 오르는 사람들을 위한 배려다.

그런데 문제는 여러 곳에서 사람들이 오르내리다 보니 샛길이 너무 많다. 원래 길이 없고 길을 내서는 안 되는 곳에도 누군가 길을 내며 지나갔다. 지름길이 있어 편리하기도 하지만, 산이 여러 가닥의 가르마를 탄 듯 산머리가 훤하다.

이렇듯 우리가 가는 길에는 뒤따라오는 이가 있기 마련이다. 내가 가고 싶다고 해서 아무 길이나 간다면 누군가 또 그 길을 따라가기 마련이다. 혼자서 산길을 걷다가 문득 살아온 날들을 되돌아보았다. 수많은 갈림길에 서서 갈피를 못 잡던 일도 한두 번이 아니었다. 그럴 때마다 부모님께서 안내해 주셨던 길이나 선배들이 먼저 간 길을 찾아가기도 했다. 때로는 허방을 짚기도 했지만 바른 길로 곧장 가기도 했다.

지금까지 걸어온 길을 과연 내 자녀들이 되밟아도 될까. 어찌 생각하면 우리가 걸어온 길만 따라와도 좋을 듯싶다가 한 편으로는 더 좋은 길을 닦아놓지 못해 부끄럽기도 하다.

늘 다니던 길로 가다가 오늘은 옆길로 접어들었다. 조금 낯설지만 그 길도 사람들의 잦은 발길로 잘 다듬어졌다. 누가 맨 처음 이 길을 가기 시작했는지 새로 난 길이지만 잘 낸 것 같다. 새봄을 맞이하는 흙냄새가 폴폴 산길을 흔들어 깨운다. 지나가는 봄바람에 몸을 비비 트는 나뭇가지를 보니 초록의 길을 닦아놓을 모양이다. 지금부터라도 내 뒤에 오는 이들이 따라와도 좋을 길 하나 만들어 놓고 싶다.

운 좋은 날

 한 동안 글이 써지지 않아 손을 놓다시피 지냈다. 그러던 차에 K 선생님으로부터 함께 합평회를 하자는 제의를 받았다. 좋은 생각인 것 같아 동참하기로 했다. 장소는 큰 길에서 좀 떨어진 골목의 작은 식당이었다. 내비게이션의 안내에 따라 간신히 찾아갔다. 좁은 공간이지만 자리가 있어 주차를 하고 들어갔다.
 두어 시간 동안 준비해 온 글을 읽고 교정을 보았다. 처음 만난 동인도 있었지만, 수필을 쓴다는 이유 하나만으로도 금방 친근해졌다. 지도 교수가 없어도 그런대로 유익한 시간이었다. 교정을 마치고 푸짐한 토종 음식이 나왔다. 공부도 하고 민생고까지 해결을 했으니 몸도 마음도 든든했다.
 집에 가려고 서둘러 나왔다. 차가 더 와서 좀 복잡해졌다. 차는 불볕더위에 찜통이 되었다. 오르자마자 에어컨을 틀고 창문을 열고 시동을 걸었다. 후진을 하려는데 옆 차가 닿을 것 같아 다시 전진을 했다. 순간 차가 앞으로 내달리더니 '와장창 깨갱' 하는 굉음을 내며 멈춰 섰다. '아차, 강아지가 죽었나 보다.' 하며 눈을 떠보니, 차는 식당 토방 위에 험상궂은 모습으로 헐떡거리며 걸쳐있었다. 놀란 주인아저씨는 물 한 컵을 들고 달려 나왔다. 눈 깜짝할 사이에 무슨 일이 벌어진 것인가. 혼돈상태였다.

알알한 정신을 가다듬고 보니 다행히 강아지는 죽지 않았다. 아니, 강아지는 아예 그곳에 있지도 않았다. 차가 앞으로 돌진하면서 자전거 두 대를 들이받고, 에어컨 실외기에 부딪쳤다. 자전거가 넘어지면서 벽의 유리창을 깨뜨렸다. 그 소리가 내 귀에는 강아지가 죽으며 내지르는 비명으로 들렸던 것이다. 생명체를 다치게 하지 않았다는 데에 우선 안도의 숨을 쉬었다.

그대로 놓아두고 보험사에 연락하라는 주인의 말에, 우선 남편에게 전화를 하려니 번호가 영 떠오르지 않았다. 가슴이 콩콩 뛰었다. 괜찮으냐고 묻는 지인에게 태연한 척 고개를 끄덕였다. 몇 번을 더 들어 전화를 했다. 지켜보고 있던 주인아저씨가 전화기를 빼앗아 대신 상황을 말하고 위치를 알려주었다. 얼마 후 보험사 직원이 도착하자 그이도 왔다. 일은 내가 저지르고 늘 처리는 그의 몫이다. 견인차에 질질 끌려 정비소로 향하는 자동차의 뒷모습이 마치 내 아이라도 구급차에 실려 가는 양 가슴이 쓰렸다.

평소에는 물건을 망가뜨렸거나 잊어버려도 쉽게 포기를 잘 한다. 허나 이번은 다르다. 그것은 특별한 차다. 회갑 선물로 두 아들과 며느리가 사 준 것이다. 받지 않으려 했는데 그들에게도 나름대로 효도할 기회를 주자는 생각으로 받았다. 하지만 마음이 편치 않았다. 저희들 살림 살기도 바듯한데 너무 부담되었나 싶어서다. 차라리 남편이 사 주었으면 좋았을 텐데, 자식 돈은 이렇게 쓰기가 어려운 것인가 보다. 사 온 날부터 조심조심 탔는데 그만 채 한 달도 못 돼서 상처를 내고 말았다.

애당초 주차를 바르게 하지 않은 것부터 화근이었다. 운전도 서툰데 후진을 하려니 삐뚤어진 차가 옆 차로 다가 간 것이다. 언제나 바르게 주차를 해야만 직성이 풀린다. 헌데 사고를 내려고 그랬는지 그날은 그냥 들어갔다. 가속 페달을 아주 살짝 밟은 것 같은데, 아무리 생각해 봐도 차가 왜 돌진을 했을까 의아했다. 늘 귀에 딱지가 붙도록 잔소리로만 들리던 조심하라는 남편의 목소리가 귀에 걸렸다.

그리고 그날이 바로 육십 번째 내 생일날이다. 지난 일요일 가족끼리 간단한 점심식사로 미리 생일 파티를 한 터다. 하마터면 회갑 날 본향으로 되돌아 갈 뻔 했다. 물건들만 파손했으니 망정이지, 그 집 벽이 무너지고 사람이 다치기라도 했으면 얼마나 큰일인가. 생각만 해도 오싹 소름이 돋는다.

파손된 것들을 교환해 주었다. 새 물건으로 교환했으니 오히려 잘 된 일이라고 좋게 받아드렸으면 좋겠다. 뒤늦게 알고 보니, 닿지 않은 줄 알았는데 옆 차 꽁무니의 페인트도 조금 벗어졌다. 좋은 사람이었다. 때로는 아주 작은 접촉으로 큰 싸움을 버리기도 하는 것이 교통사고 아니던가. 자전거 주인도 식당 주인도 모두가 선량한 사람들이라 서로 충돌하지 않은 것이 감사하다.

며칠이 지나도 놀란 가슴이 가라앉지 않는다. 핸들을 잡으면 초보 때처럼 바들바들 떨리며 초긴장이 된다. 앞으로의 액땜을 했다고 치자. 망가진 물건들을 사 주고 자동차를 수리하느라 큰돈을 지불했지만, 천만 다행이 아닌가. 항상 차를 조심해서 타라는 경고라 생각하자. 가까운 곳도 승용차를 이용하는 생활 습관부터 고치도록 노력해야겠다.

참으로 비싼 점심을 먹고 고가의 과외를 한 셈이다. 안에서 식사를 하던 사람 모두가 얼마나 놀랐을까. 하나 뿐인 목숨, 어떻게 몇 백만 원으로 살 수 있겠는가. 부활을 허락해 주신 하느님께 감사드린다. 어떤 어려운 일이라도 늘 묵묵히 뒤처리 해주는 남편이 고맙다. 평생 잊지 못할 운 좋은 날이다.

살아 움직이는 상하이

해외여행을 여러 번 다녀왔지만 이번에는 특별한 여행이다. TJB 방속국에서 주최한 교육대상 수상자를 위한 포상 여행이기 때문이다. 대전, 충남의 교원 중 우수한 사람을 추천하여 해마다 9명씩 시상을 하고 부상으로 부부 동반 해외여행을 시켜 주는 것이다. 여행지는 중국의 상해를 비롯해 소주, 항주다.

이른 아침 사랑스런 둘째 며느리의 배웅을 받으며 공항버스에 올랐다. 성질 급한 우리 내외는 언제나 그랬듯이 약속 시간 전에 도착했다. 차 안은 아직 손님 맞을 준비가 덜 되었는지 싸늘했다. 낯익은 사람들이 하나 둘 버스로 올랐다. 어색함을 덜기 위해 집에서 준비해 간 귤 하나씩을 돌리며 인사를 나누었다. 인솔자가 몇 가지 안내를 하는 동안 청주 공항에 도착했다. 간단한 출국 절차를 마치고 중국항공기에 탑승했다. 이륙한 지 한 시간 이십분 만에 중국의 포동국제공항에 착륙했다. 참 좋은 세상이다.

　포동 공항에서 자기부상 열차를 탔다. 바다처럼 넓은 들판에 빼곡히 들어선 집들이 스피드 영상 필름처럼 눈앞을 스쳐 지났다. 속도 표시판을 보았다. 시속 431km이니 얼마나 빠른 속도인지 짐작이 가리라 믿는다.

　버스로 맨 처음 이동한 곳은 '동방명주 탑'이었다. 세계에서 세 번째로 높은 방송수신탑이다. 전망대에서 내려다보이는 상해시가지는 캐나다 CN 타워에서 내려다 본 토론토와, 미국 엠파이어스테이트 빌딩의 전망대에서 내려다 본 맨하탄을 옮겨 놓은 것 같았다. 상해시를 가로지르는 포동강을 경계로 포동 지역은 신도시다. 하늘을 찌를 듯이 치솟은 고층 건물들로 빼곡했다. 사십층 이상 건물이 백사십 여개, 백대 기업 중 구십여 개가 이곳에 모여 있다. 제일 높은 건물은 백일 층이나 된다.

　버스로 두 시간을 달려야 산을 볼 수 있다는 상해. 끝없이 펼쳐진 도심 끝은 뿌연 하늘과 맞닿아 잘 보이지 않았다. 난 그것을 보고 '건평선'이란 말이 떠올랐다. 지평선, 수평선처럼 말이다. 동행한 국어 선생님은 신생어로 해야겠다며 웃었다.

　인구 정책은 한 가정 한 자녀밖에 둘 수 없다. 하나 이상을 낳은 집 자녀들은 호적에 오르지 못한다. 우리나라와 마찬가지로 남자를 선호해 대상은 주로 여자다. 그들은 학교도 갈 수 없고 직업을 구하기도 힘들다. 인구는 십삼억이라 하지만 호적에 입적되지 못한 사람을 합치면 대략 십사 억쯤 된단다. 이렇듯 중국의 모든 통계는 정확하기보다 대충 맞는 숫자라는 가이드의 말에 한 바탕 웃었다. 한 반도의 44배나 되는 땅덩어리, 56개의 민족이 모여 산다는 그 곳. 그 중에 우리를 안내하는 가이드처럼 조선족도 포함 되어 있다.

이 많은 중국인들의 지혜와 숨어 있는 저력이 한꺼번에 일어선다면 감히 누가 대응하랴. 미국 여행 중 넓은 국토와 고갈되지 않는 수많은 자원에 놀란 가슴이 다시 한 번 두근거린다. 또한 작은 우리나라가 이 대국과 어깨를 나란히 하고 있음이 대견스럽고 우리 민족이 우수하다는 우월감도 든다.

상해시의 교통 체증은 아주 심하다. 복잡한 거리에서 교통 신호를 지키다가는 하루 종일 제 자리에 서 있을 정도다. 신호등은 무시된 채 먼저 머리를 드미는 차가 우선이다. 중앙선 침범은 보통이다. 그래도 화를 내거나 통제하는 사람도 없다. 역시 대륙 기질을 가진 사람들의 느긋함이라 생각된다. 무질서는 좀 보기 민망했지만, 조금도 양보하지 못하고 경고음을 연발하는 성급한 우리네가 한 번쯤 생각해 봐야 할 일인지도 모르겠다.

상해에 가면 지나칠 수 없는 곳, '상해임시정부청사'다. 구도심의 거리 한 곳에 초라하게 서 있는 청사 앞에 내려서는 순간 가슴이 뭉

클하고 눈시울이 뜨거워졌다. 퇴색한 태극기를 바라보니, 김구, 윤봉길, 이봉창을 비롯한 애국지사의 뜨거운 심장 박동소리가 들리는 듯했다.

개인이 살기에도 비좁을 공간에서 잃은 나라를 되찾기 위해 몸부림쳤던 그분들을 생각하니 갑자기 피가 끓어오르는 듯 했다. 청사 안을 둘러 보다 후원모금함에 지폐 몇 장 넣고 서명을 하니 독립운동에 동참이라도 한 듯 조금 마음이 가벼워졌다.

저녁 식사 후 외탄으로 다시 돌렸다. 야경을 보기 위해서다. 어둠을 뚫고 여기저기서 밤의 풍광이 눈을 뜨기 시작했다. 미국, 영국, 프랑스의 공동 조계租界지역이 세워졌기 때문에 중국이 아니라 유럽 어느 곳에 와 있는 듯한 느낌이 들었다. 차에서 내려 기념사진을 찍는데 황포강의 밤바람이 뼛속까지 스며들었다. 옷깃을 여미며 낮에 올랐던 동방명주 탑을 건너다보니 상해를 감시하듯 우람하게 빛을 발하고 있었다.

북경에서 공부해 상해에서 취업하는 것이 소원이라는 중국인들의 말은 상해가 얼마나 발전되고 역동적인 도시인가를 증명하고 있다. 꼭 한 번 가보고 싶었던 상해, 애국지사들의 혼이 깃들어 있는 그곳, 우리와 뗄 수 없는 인연의 도시. '백문이 불여일견百文以不如一見'이라 했듯이 직접 가보지 않고는 말 할 수 없는 곳이다.

교권이 흔들리고 있는 요즈음에 이런 기회를 제공해 준 TJB 방송국에 감사하며 더 많은 선생님들에게 힘이 되어 주었으면 하는 바람이다. 또한 이 여행에 동참할 수 있도록 교직을 천직으로 알고 어둠을 밝히는 촛불처럼 자신을 태우며 묵묵히 교단만을 지켜온 남편이 한층 더 고마웠다.

(2007.2)

우리 집 있는 이

남자들은 대부분 자기 아내를 소개할 때 집 사람이라고 한다. 반면 여자들은 남편을 칭할 때나 소개 할 때 우리 집 있는 이라고 한다. 지인들은 내가 남편을 우리 집 있는 이라고 하면 '그 집 남편은 늘 집에만 있나 봐.' 라고 농담을 하며 갈갈대고 웃었다.

그를 멀리 떠나보내고 얼마 되지 않아 옛 동료들의 모임이 있었다. 별로 내키지 않았으나 참석했다. 서로 정담을 나누면서 맛있는 점심을 먹었다. 여자들의 대화는 대부분 남편과 자식들이나 이웃들의 이야기다. 대화를 하다가 말할 기회가 되어 남편 이야기를 꺼내는 중에 '우리 집 있는 이는' 하며 말을 이어 가자마자 '어머, 아직도 우리 집 있는 이래.' 옆에 있던 지인이 정색을 하며 배꼽을 쥐고 웃었다. 다른 사람들이 무표정으로 그를 쳐다보자 그는 어색한 듯 웃음을 그쳤다.

내색을 하지 못한 나는 갑자기 우울해졌다. 바른 소리 잘 하는 똑똑한 친구가 내 대신 '그럼, 우리 집 있는 이지 뭐라고 해.'하며 되받아줬다. 잠시 싸늘한 기운이 돌다가 내내 입 다투어 이야기꽃을 피웠다.

그가 멀리 떠나고서야 얼마나 소중한 사람이었나 하는 것을 알게 되었다. 가끔은 혼자 조용히 있고 싶기도 하고, 혼자서 멀리 여행을 떠나보고 싶기도 했다. 무엇이 내 뜻대로 되지 않으면 그 사람 때문에 하지 못한 것처럼 핑계대기도 했다. 그럴 때마다 남편은 '자신의 잘못을 모르고 왜 남 탓을 할까? 하고 싶은 일이 있으면 하면 되지.' 하곤 했다. 맞는 말이다. 지금은 혼자서 아무도 방해하는 사람이 없는데 반대로 옆에서 거드는 이가 없으니 어려울 때가 많다.

부부가 오랜 동안 함께 지내다 보면 때로는 서로가 소중하다는 것을 잊고 산다. 다른 환경에서 자란 두 사람이 연리지가 되어 한 나무로 자리 잡기까지는 많은 시간이 걸린다. 지나고 보면 별 일도 아닌 것을 가지고 아웅다웅 말씨름을 하기도 한다. 허나 부부 싸움은 사랑의 훈련이라고 했다. 언제 그랬냐는 듯, 소나기 지나고 맑은 하늘에 걸린 무지개처럼 해맑은 웃음으로 무언의 사과를 한다. 그러니까 몇 십 년을 한 집에 머물며 사는 게다.

그렇다. 남편은 늘 집에 있는 사람이다. 그가 밖에 있든 집에 있든 늘 그의 머무르는 자리는 집이다. 아내도 마찬가지다. 그가 어디에 있든 그는 남편에게 있어서 늘 집 사람이다. 베이컨은 '아내는 젊은 남편에게는 여주인이며 중년 남편에게는 친구, 늙은 남편에게는 간호부다.'라고 했다. 밖의 일이 끝나면 모든 사람들은 헤어지지만 부부만이 집에서 만날 수 있는 가장 가깝고 유일한 사람이다.

저녁노을이 창문을 붉게 스쳐 지날 무렵이면 현관문 번호 누르는 소리가 환청으로 들려온다. 그는 언제나 우리 집 있는 이고 나는 그의 집사람이다.

지리산을 따라

 인생은 일장춘몽이라 했다. 식물의 한 살이나 우리의 인생사 무엇이 다를까. 기대에 부풀어 처음 교단에 올라서서 아이들에게 다짐이나 하듯 첫인사를 했던 때가 엊그제 같건만 벌써 한 장의 막을 내린 채 우리는 지금 가을 나무가 되었다.
 소띠 해에 태어나 일복이 많다는 소띠 모임. 이제 그 무거운 멍에와 쟁기를 벗어 던지고 명예퇴직이라는 이름으로 자유로워졌다. 그동안 너무 정해진 시간 속에 기계처럼 살아온 것 같다. 남편들의 퇴근 시간에 맞춰 두 가족씩 승용차에 나누어 타고 지리산으로 향했다. 좀 늦어 이미 단풍이 진 곳도 많지만, 그런 대로 아직 남아있는 단풍이 우리를 기다리는 토요일 오후였다.
 차창 밖으로 펼쳐지는 풍경에 새삼 살아온 날들이 한 편의 영화처럼 되살아났다. 인생의 허무함마저 느껴지는 순간이었다. 그렇게 싱싱했던 나뭇잎이 어느 새 낙엽 되어 골짜기에 나뒹굴고 아름답던 꽃잎은 누런 씨앗 몇 알 남긴 채 모두 떨어졌다. 신바람나게 달리는 차는 첩첩이 이어지는 산과 함께 예약해 놓은 콘도에 도착했다. 여장을 풀고 준비해 온 재료로 저녁 준비를 했다. 아내들 때문에 처음으로 동행하게 된 남자들은 서로가 체면을 차리려 하는지 조선시대 남자들처럼 방을 차지하고 앉아 있었다.

몇 종류 되지 않은 찬이지만 모두가 한바탕 웃으며 배가 볼록 나올 때까지 맛있게 먹었다. 소화도 시킬 겸 일행은 모두 노래방으로 향했다. 벌써 먼저 온 사람들로 꽉 차 들어갈 틈이 없어 되돌아 왔다. 유교식 교육에 단련된 우리는 침구도 좋은 것은 남자들이 자는 방으로 보내고 대충 자기로 했다. 누에고치에서 명주실이 풀려 나오듯 다섯 여자들의 수다는 끝나지 않았다. 배꼽이 빠지도록 이가 시도록 웃어대며 밤이 깊어가는 줄도 몰랐다.

이튿날 아침, 뻑뻑한 눈을 비비며 일어났다. 집에서나 나가서나 주방을 떠날 줄 모르는 여자들, 남편들은 아직 깊은 잠에서 깨어나지 못하고 있는데 또 아침 준비에 바빴다. 그래도 무엇이 그리 즐거운지 깔깔거리며 점심때 먹을 김밥까지 준비했다. 늦게 일어난 남자들은 미안했는지 참 맛있다고 칭찬하며, 항상 이렇게 모여서 먹으면 좋겠다고 얼렁뚱땅 얼버무렸다.

아침에 안개가 끼는 날은 이마가 벗어진다는 옛 속담이 있다. 산

자락에 안개가 보얗게 피어오르는 것을 보니, 오늘 날씨는 무척 맑은 날씨일 것 같다. 무슨 사람들이 그리 많은지 아침부터 서둘러대지 않았으면 지리산에 들어서지도 못할 뻔했다.

목적지는 노고단이다. 언젠가 화엄사 뒤편으로 해서 노고단을 향해 등산을 한 적이 있다. 그 때는 길도 험했지만 왜 그렇게 걷지를 못했는지 가다가 주저앉고 미끄러지고 올라가지를 못했다. 다른 일행들은 모두 앞에 올라갔는데 나 때문에 남편은 뒤로 처졌다. 땀을 뻘뻘 흘리며 온갖 힘을 다해 걸었다. 김밥을 가지고 가는 것마저 힘이 들어 메고 가던 김밥을 나뭇가지에 걸어놓고 산을 올랐다. 오르다 보니 앞에 간 일행은 어느 새 정상에서 내려와 산 중턱에서 우리는 함께 내려와야만 했다.

하지만 오늘은 날씨가 너무 좋은 탓인지 직장을 벗어나 마음에 여유가 있어서인지 앞장서서 올라갔다. 중턱쯤 올라 화엄사 저 편 섬진강 위의 하늘을 보았다. 쪽빛 하늘 끝자락에 하얀 목화송이같이 피어오른 구름은 끝없는 운해를 이루었다. 하늘 아래 계곡에는 마지막 불을 지핀 단풍들이 활활 타올랐다. 금방 신선이라도 내려앉을 듯싶었다.

"야호!"

모두가 감탄하며 이마로 흘러내리는 땀을 씻었다.

노고단으로 오르는 길의 일부분은 아스팔트로 단장을 해서 등산이라기보다는 산책하는 느낌이었다. 구름 한 점 없는 전형적인 가을 하늘에 비행기 한 대가 잠자리처럼 날아가고 있었다. '누구의 솜씨로 저 하늘을 저렇게 곱게 채색을 했을까?' 같이 가던 한 친구는 갑자기

"가을 하늘 공활한데…."

하고 애국가를 부르며 까르르 웃었다.

추억 속의 이야기가 한 발 한 발 이어 노고단 정상에 올라섰다. 갖가지 이름을 붙인 봉우리들이 눈앞을 가로막고 산이 산을 업은 채 온 세상이 하늘과 산뿐이었다. 전에 오르지 못하고 되돌아갔던 노고단에 오르고 보니 몇 년 전에 갔다 온 스위스의 눈 덮인 알프스 정상에 오른 만큼이나 기쁘고 흐뭇했다.

점심으로 대충대충 말아온 김밥과 컵라면을 먹는 맛이란 어떤 일류 요리에 비할 바가 아니었다. 모두가 허기진 참에 옛날 어머니께서 소풍 때 싸주셨던 기다란 김밥 이야기를 하며 막히는 줄도 모르고 꿀꺽꿀꺽 맛있게 먹었다.

되돌아오는 길에 '정령치'라는 고개에서 잠깐 쉬었다. 이곳엔 아직 단풍이 절정이라 아름다웠다. 앞의 봉우리를 오르고자 가는 등산객들이 마치 왕개미 기어가듯 오르고 있었다. 하루 종일 돌아다니다 보니 약간의 현기증이 났지만, 그래도 지칠 줄 모르는 여자들의 웃음소리가 정령치 계곡을 흔들어 깨웠다.

'위대한 사람은 시간을 창조해 나가고, 범상한 사람은 시간에 실려 간다.' 라는 말이 있다. 가을이 가면 겨울이 온다는 것은 막을 수 없는 자연의 법칙이지만 흘러가는 시간의 흐름 속에 그냥 실려 가서야 되겠는가? 이제 떨어지는 낙엽도 새 봄을 기대하듯 새로운 시작이라는 생각으로 시간을 만들어가는 아름다운 가을 여자이기를 다짐해 본다.

썩은 복숭아

퇴근길에 슈퍼에 들렀다. 향긋한 냄새가 코를 자극했다. 두리번거려 보았더니 아기 볼처럼 뽀얗고 볼그레한 복숭아 다섯 개가 있었다. 그 중 하나를 집었더니 약간 흠집이 나 있었다. 과일은 원래 그런 것이 더 맛있다지만 사고 싶지 않았다. 뒤에 서 있던 주인이 그것은 덤으로 줄 테니 네 개 값만 내고 가져가라고 했다. 얼굴값을 하느라 놀랄 만큼 비쌌지만 덤으로 하나 더 준다기에 샀다.

집에 돌아와 복숭아를 꺼냈는데 네 개 뿐이었다. 흠집 난 복숭아는 보이지 않았다. '이상하네. 주기로 했으면 줄 일이지 왜 안 줬을까.' 속으로 중얼거리며 복숭아를 냉장고에 넣었다. 그 후 슈퍼에 여러 번 갔지만 그 일은 까맣게 잊었다.

그러던 어느 날, 내 차를 탄 남편은 코를 벌름거리며,

"이게 무슨 냄새야, 여자 차에서 향기가 나야지."

라고 말했다. 무딘 나는 차에다 아무것도 싣고 다니지 않았는데 냄새는 무슨 냄새냐며 오히려 핀잔을 했다.

며칠 후 차를 타려고 문을 열었더니, 그이 말대로 시금털털하고 구린 냄새가 코를 찔렀다. 마치 시골에서 돼지 주려고 큰 통에 모아 놓았던 구정물 냄새와 흡사했다. 허나 차 안을 아무리 살펴보아도 아무것도 보이지 않았다. 날이 갈수록 더 고약해졌다. 역겨워서 차 타기가 싫었다. 차창을 열고 다녀도 빠져나가기는커녕 점점 더 심해졌다.

참다못해 트렁크 안이며 의자 밑을 샅샅이 뒤져보았다. 원인은 없어진 복숭아였다. 그 놈이 봉지에서 빠져나와 운전석 의자 밑에 숨어 있었던 것이다. 2주일도 더 지났는데 어떻게 다른 데로 굴러가지도 않고 그 자리에서 고스란히 썩어 갔는지 의아했다. 금방이라도 툭 터져 흑갈색 물을 토해 낼 것만 같은 기세였다. 날마다 땡볕에 주차해 놓았으니 그동안 얼마나 잘 썩었을까.

썩은 복숭아를 보다가 문득 내가 썩은 복숭아는 아닌지 의아했다. 섭섭했던 일들을 가슴에 품고 있다가 분노를 참지 못해 화를 냈던 일, 분수에 맞지 않는 보석이나 명품 옷에 눈독을 들인 일, 내 단점은 덮은 채 남의 단점만 나무라던 일, 알게 모르게 남에게 상처 준 일들이 떠올라 얼굴이 화끈거렸다. 과욕과 이기심에 내 자신을 가두고 있다면 썩은 복숭아와 무엇이 다르겠는가.

'사람이 하늘처럼 맑아 보일 때가 있다. 그때 나는 그 사람에게서 하늘 냄새를 맡는다. 사람한테서 하늘 냄새를 맡아 본 적이 있는가. 스스로 하늘 냄새를 지닌 사람만이 그 냄새를 맡을 수 있다.'란 법정스님의 말씀처럼 사람에게도 분명 냄새가 있다.

나이를 먹을수록 하나하나 욕심을 내려놓고, 가슴을 활짝 열어 비워 놓을 일이다. 밖에서는 온갖 과일 익어가는 향긋한 냄새가 산들바람에 솔솔 풍겨왔다.

노을

 토요일이다. 격주로 찾아오던 큰아들 식솔들이 오지 못한다. 얼마 전 새집으로 이사를 해 바쁘기도 하지만 찬이(손자)가 다쳤기 때문이다. 제 아비와 놀이터에 갔다가 그만 팔이 부러졌다. 겨우 2주일 지났는데 1년쯤 보지 못한 것처럼 눈에 아른거린다. 하루가 멀다 하고 전화를 하지만 그것만으로는 허한 마음을 달랠 수 없다. 부질없는 짝사랑인 줄 알면서도 찾아 가기로 했다.
 승용차 보다는 기차가 편할 것 같아서 며칠 전부터 표를 예매해서 핸드폰에 내려 받아 놓았다. 그렇게 하면 표를 분실할 일이 없어 편리하기 때문이다. 아이들과의 짧은 만남을 아쉬워하며 서둘러 기차역으로 갔다. 차표는 핸드폰에 저장해 놓았으니 살펴 볼 것도 없이 플랫폼으로 나왔다. 5시 37분 기차가 들어오고 있다고 전광판에 불이 켜졌다. 기차가 들어오자 서슴지 않고 올라탔다. 2호차 53

번 54번을 찾아 갔더니 이미 다른 사람들이 앉아 있었다. 곤히 잠들어 있는 승객을 젊잖게 깨워 우리 자리니 일어나라고 했다. 그는 눈을 비비며 호주머니에서 표를 꺼내 보여 주었다. 그들의 번호도 똑같았다.

언제나 자기가 틀림없다고 생각하는 남편은 열차 번호를 대조해 보았다. 열차 번호가 달랐다. 남편은 그들에게 차를 잘 못 탄 것 같다고 말했다. 그러자 그는 자기가 맞는다고 했다. 옆 자석의 젊은 부부에게 미안하지만 열차 번호 좀 보여달라고 해 재확인해 보니 우리가 잘못 탔다. 그래도 의아해하는 남편의 등을 밀어 승무원을 찾아갔다. 승무원에게 핸드폰을 열어 보이자, '이 차가 아니라 앞 차네요.' 하는 것이었다. 그 때서야 남편은 난색을 표했다. 승무원은 무단 승차를 했으니 벌금을 내야한다며 겁을 줬다. 그는 농담이라며 이나저나 자리가 없으니 그냥 가라고 했다.

언젠가도 남편이 예매해 준 표를 확인하지 않고 기차를 탔다가 낭패를 본 적이 있었다. 오늘처럼 시간을 잘못 보아 다른 차를 탄 것이었다. 그 때도 당황하다가 빈자리를 찾아 돌아다니던 중 '기차 카페'에 들어가게 되었다. 한 번도 그곳을 이용해 보지 않아 어리둥절하다가 빈자리에 앉아서 왔던 생각이 문득 났다.

우리는 얼른 그 카페로 갔다. 사람들로 북새통인데 오락기 앞에 자리 하나가 비어 있었다. 누가 앉을 세라 얼른 앉았다. 그도 두리

번거리다가 빈자리를 찾아 앉았다. 하마터면 내내 서서 올 뻔 했는데 다행이었다.

항상 빈틈없고 완벽 주의자인 그도 이제는 할 수 없다. 절대 실수를 하지 않을 것처럼 당당하던 그였지만, 가는 세월은 잡지 못하는 것 같다. 서글픈 일이다. 허나 철학자 키케로는 '노년은 쇠락과 체념의 시기가 아니다.' 라고 말했다. 사람이 나이 든다는 것은 늙어가는 것이 아니고 익어가는 것이라 했다. 잘 익은 노년을 보내라는 듯 발갛게 익은 노을이 빙그레 웃으며 따라온다.

마더 데레사 효과

'사랑은 그 자체로 머무를 수 없다. 그렇다면 의미가 없다. 사랑은 행동으로 이어져야 하고 그 행동은 바로 봉사다.'라고 말한 마더 데레사가 떠오른다.

흔히 봉사라 하면 대단한 일을 해야 한다고 생각한다. 그래서 봉사 활동에 참여 하기를 꺼려한다. 어느 스님은 지나가는 사람에게 미소만 보내도 보시라 했다. 자신이 할 수 있는 것 중에 아주 작은 것 하나라도 나눌 수 있으면 봉사다.

얼마 전부터 전화 한 통화 나눔을 시작했다. 처음에는 성당 사회 복지에서 도움을 받는 어른들만을 위한 배려였다. 하다 보니 경제적으로 어려운 분만 외로운 것이 아니라 혼자 사는 모든 분들이 다 외로워한다는 생각이 들었다.

셀기도* 모임에 나오는 어른들의 대부분이 혼자 산다. 그 중에는 자녀가 없거나 멀리 떨어져 있는 분들도 있다. 또 가까이 있지만 모두 바쁘다는 핑계로 부모님을 찾아뵙거나 전화 드리는 일이 소홀하다.

그러다 보니 연세가 고령이신 분들은 하루 종일 집에 있거나 노인정에서 시간을 보낸다. 저녁이 되면 각자 집으로 돌아가지만 반겨주는 이도 없다. 병중에 가장 어려운 병은 외로움 병이라 했다. 이 분들에게 조금이나마 위안이 될까 싶어 저녁에 한두 분씩 전화를 해 드린다.

처음에는 어색해하고 대화가 간단했다. 여러 번 통화를 하다 보니 이야깃거리가 많아졌다. 이야기를 하고 싶어도 들어주는 사람이 없으니 긴긴 밤이 더 길 수밖에 없다. 저녁이면 대부분 불면증에 시달린단다. 그 밤이 얼마나 길겠는가.

특별한 이야기를 주고받는 것도 아니지만 아주 반가워한다. 찾아뵙지 못하고 전화만 드려서 죄송하다고 하면, 전화 한 통화가 천만금보다 더 낫다며 고마워한다. 행여 통화를 하다가 오히려 마음 아프게 할까봐 조심스럽기도 하다.

좀 바쁜 날은 전화할 시간을 놓치기도 한다. 낮에는 통화가 잘 안 된다. 그렇다고 너무 늦은 시각에는 오히려 어렵게 잠드신 분을

---

* 성당에서 하는 작은 기도 모임

깨울까봐 하지 못한다. 대부분 저녁 8시 경쯤 전화를 하면 가장 적절한 시간이 되는 것 같다, 하루 일과에 대한 이야기도 나누고 저녁 식사 잘 했는지 불편한 데는 없는지 이런 사소한 대화다.

이렇게 그 분들과 대화를 하다 보니 오히려 내가 더 즐겁고 나를 기다리는 누군가가 있다는 데 활력이 생긴다. 남을 위해 봉사 활동을 하거나 선한 일을 보기만 해도 인체의 면역기능이 크게 향상 된다고 한다. 이것은 연구를 통해 의학적으로도 증명된 나눔과 봉사의 효과 즉, '마더 데레사 효과'라 한다. 앞으로 할 수 있는 한 계속 나눔을 실천하고자 한다. 누구든지 작은 나눔에 동참하여 기쁨을 얻고 건강한 삶을 누렸으면 좋겠다.

셋째 마당

일흔에 내가 나에게 준 선물

일흔에 내가
나에게 준 선물

그는 긴 여행 중

2014년 가을이었다. 추석 연휴에 해마다 그랬듯이 온 가족 모두 여행을 떠났다. 길이 막힐 것 같아서 집에서 그리 멀지 않은 전라북도에 위치한 '민주지산 자연휴양림'으로 갔다. 집에서 1시간 정도면 갈 수 있는 곳이라 어렵지 않게 도착했다. 조용하고 쾌적한 곳이다. 다른 가족들도 몇 집 들어와 있었다.

두 아들과 며느리는 준비해 간 재료로 저녁 준비를 하고, 손자와 손녀들은 사촌끼리 만났으니 뛰어 놀기 바빴다. 우리 부부는 한적한 산책로를 따라서 걸었다. 맑은 공기와 졸졸 흐르는 물소리, 숲에서 나는 산새들의 노래 소리도 평화로웠다. 한참을 유유자적 걷는데, 어느새 저녁 준비가 다 되었는지 며느리가 식사하러 오라고 전화를 했다.

푸짐하게 차려진 저녁상과 모닥불 석쇠 위에서 굽는 고기 냄새가 식욕을 돋우었다. 모두 둘러 앉아 식사를 하고 넓은 마당으로 나갔다. 옆집 가족들도 나왔다. 초면이지만 금방 친해져서 어른들은 어른들대로 아이들은 아이들대로 즐거운 놀이판이 벌어졌다. 밤이 깊어가는 데도 숙소로 들어갈 생각을 하지 않았다. 아이들은 땀을 뻘뻘 흘리면서 술래잡기를 하는지 온 마당을 빙빙 돌았다. 밝은 달과 별빛이 보석같이 빛나는 밤이었다. 1년 전부터 가끔 기력이 없어지는 것 같다고 하던 남편은 숙소로 들어가자고 했다. 우리는 먼저 들어와 잠자리에 들었다.

　별 탈 없이 잘 자고 이튿날이 밝았다. 그런데 아침식사를 여느 때처럼 잘 한 남편이 아무 소리가 없다. 웬일인가 하고 찾아보니, 방에 조용히 누워 있었다. 지난 달 병원에 며칠 입원한 일이 있어서 깜짝 놀랐다. 이마를 짚어보니 열이 좀 나는 것 같았다. 빨리 병원으로 가자고 했더니 별 것 아니니까 괜찮다고 한다. 그래도 걱정이 돼서 큰아들과 나는 약을 사러 나왔다. 약국에 도착하기도 전에 작은아들한테서 전화가 왔다. 아버지가 열이 더 오르는 같아 병원으로 가야할 것 같다고 했다. 큰아들과 나는 먼저 병원에서 기다리고 남편은 작은 아들과 서둘러 병원으로 왔다.

　집 근처 대학병원 응급실로 들어갔다. 명절 연휴라 전문의사는 없었다. 응급실에서 일단 입원실로 옮기라고 해서 입원을 했다. 우선 해열제로 응급치료하고 3일 후에야 전문의사의 진료를 받았다. 검사 결과 늑막염인 것 같다고 했다.

일주일 만에 퇴원을 했는데 또 열이 났다. 입원했던 병원으로 재입원을 했다. 다시 정밀 검사를 하더니 폐렴이라고 한다. 이 주 동안 집중 치료를 했지만 차도가 없다. 담당 의사는 나를 불렀다. 얼굴이 빨개지며 치료가 불가능한 것 같으니 마음의 준비를 하라고 했다. 이게 무슨 청천벽력 같은 소린가. 그러면서 소견서를 써 줄 테니 더 큰 병원으로 가보라고 했다.

하는 수 없이 가퇴원 수속을 하고 아들과 함께 서울 A병원으로 갔다. 한 번도 크게 아픈 일이 없어서 큰 병원에는 처음이다. 너무 넓어서 건강한 사람도 걸어 다니기가 어려웠다. 아들이 휠체어를 가져와 그에게 타라고 했더니 거절한다. 아들이 아프지 않은 어르신들도 타고 다니니까 타라고 다시 권하자 그는 난생 처음 휠체어에 몸을 맡겼다. 여러 가지 수속 절차를 거쳐 응급실로 들어갔다. 하루에 1만여 명 이상이 내원한다는 이 병원은 하나의 도시와 같았다. 환자가 아닌 나도 힘이 다 빠졌다.

입원실로 들어가기 참 어려운데 다행히 다섯 시간 만에 2인실이 나왔다. 병실로 올라가 보니, 창밖으로 한강이 내려다 보였다. 탁 트여서 덜 답답할 것 같았다. 이곳은 대전의 1인 특실보다도 더 비싸다. 남편은 간호사에게 6인실이 나면 그리로 옮겨달라고 했다.

그러자 옆에 있던 아들은

"다른 사람들은 장기간 여행가서 고급 호텔에 묵기도 하는데, 불편하게 병실을 왜 옮겨요? 아버지께서 평생 고생하셨는데 이런 때는 편하게 계셔야지요."

하고 말했다. 사실은 남편도 남편이지만, 나도 6인실 병실로 옮겨가는 것이 겁났다. 한 번도 그렇게 복잡한 병실에 가족이 있어본 적이 없어서인지, 비위가 약한 나는 그런 곳에 있을 자신이 없었다. 그이도 아들 말대로 2인실에 그냥 머물기로 했다.

그런데 문제는 돈이 아니고, 병이 호전되지 않았다. 열이 내리고 좋아지는 듯했다가 다시 오르기를 반복했다. 그렇게 3주째 되던 목요일 저녁때였다. 갑자기 호흡이 곤란해지자 의사와 간호사는 서둘러 그를 특별관리실로 옮겼다. 숨이 금방 멈출 것만 같았다. 급히 큰아들들에게 연락을 했더니 단숨에 달려왔다. 새벽녘에서야 좀 안정이 되었다.

병실로 돌아온 그는 자꾸만 대전 집근처로 가고 싶다고 했다. 그는 직접 대학병원에 근무하는 친구에게 전화를 했다. 특실도 좋으니 병실이 있으면 연락해 달라고 부탁했다. 다행히 2인실이 있다는 전갈이 왔다. 담당의사와 의논을 했더니, 선뜻 대답을 하지 않았다. 저녁 늦게 겨우 퇴원수속을 하고 생에 처음 구급차에 올랐다. 의사가 동행을 해서 늦은 밤이지만 대전의 병원에 잘 도착했다.

집근처로 와서인지 기분이 좋아보였다. 그래도 남편이 기력이 떨어져 화장실에 가지 않는 것이 좋겠다는 의사의 지시가 있어서 간병인을 쓰기로 했다. 지금까지는 스스로 화장실 출입을 할 수 있어서 내가 조금 도와주기만 했다. 정신도 맑고 워낙 깔끔한지라 간병인도 간호사도 환자 같지 않다고 했다. 그러니 그가 일주일 후에 세상을 떠날 줄은 아무도 몰랐다. 담당 의사는 짐작했으리라.

그날따라 새벽부터 가을비가 추적추적 내렸다. 간병사가 있지만 다른 날처럼 나는 새벽 네 시 경에 일어나서 병원으로 갔다. 부지런한 간병인은 벌써 남편을 깨끗이 닦아주고 있었다.

그런데 나만 보면 환하게 웃던 그의 표정이 무표정이다. 간병인에게 물었더니, 어젯밤에 잠을 제대로 못 자서 그런가 보라고 했다. 농담을 하며 웃겨보아도 웃지 않았다. 어제 저녁만 해도 9시가 되니까 옆에 있는 작은 아들에게 '병원에 오래 있으면 병균 옮으니까 엄마하고 빨리 집으로 가라.'고 했다. 그러던 그가 오늘은 웬일인지 하루 종일 무표정이다.

옆에 있어도 졸기만 하니까 잠깐 집에 다녀오려고 나섰다. 밖에는 비가 장맛비처럼 쏟아졌다. 운전이 서툰 나는 빗속을 조심스럽게 달렸는데 그만 무슨 생각에 빠졌는지 길을 잘못 들었다. 안 가던 길은 가늠을 못하는데 비까지 쏟아지니까 방향을 잃었다. 하는 수 없이 차를 길가에 세우고 아들을 불렀다. 아들을 기다리는 동안 나는 어린아이처럼 차 안에서 엉엉 울었다. 아니 통곡을 했다.

아들이 와서 아들 차를 따라 겨우 집에 도착했다. 아들은 엄마까지 병나겠다고 하며 집에서 한 숨 자고 쉬었다가 가라고 했다. 좀 누워있으려니 왠지 불안해서 벌떡 일어나 병원으로 다시 갔다. 남편은 아직도 졸고 있었다. 고운 얼굴은 마치 화장이라도 한 듯 빛이 났다.

그런데 갑자기 호흡이 곤란해지고 얼굴이 창백해졌다. 그의 손발이 차가워지고 호흡기 수치가 빠르게 내려갔다. 달려온 간호사와 의사는 그를 1인실로 급히 옮겼다. 30여 분도 채 안 돼서 심장 박동을 기록하는 의료기는 일직선으로 선을 긋고 멈췄다. 옆에서 지켜보던 작은 아들은

"엄마, 아빠 이제 숨 멈추셨어요. 돌아가셨어요."

하는 것이었다. 무슨 말을 들었는지 멍해진 나는 눈물조차 나오지 않았다. 뒤늦게 도착한 큰아들이 절차를 밟아 그가 생전에 원하던 장례식장으로 차디찬 그를 옮겼다. 주검이 된 남편과 내가 탄 구급차는 부슬부슬 내리는 빗속으로 미끄러지듯 달렸다. 이곳으로 온 지 일주일 되던 금요일 저녁, 그는 아주 긴 여행길에 나섰다.

방송대학교 편입학

그렇게 남편은 2014년 10월의 마지막 밤 돌아올 수 없는 먼 길을 떠났다. 무엇을 어떻게 해야 하는지 아무 생각도 나지 않았다. 장례식이 끝나고 아이들은 일주일 후 모두 제자리로 돌아갔다. 텅 빈 집에 덩그러니 혼자 남은 나는 무슨 죄인이라도 된 듯 밖에 나갈 수가 없었다. 스스로 갇히고 말았다. 가는 곳은 그와 함께 다니던 성당뿐이었다. 50일 기도를 하기 위해서였다. 가을 날씨는 점점 짧아지고 추워졌다. 비바람이 부나 눈이 오나 하루도 빠지지 않고 저녁마다 50일 동안 미사 참례를 했다.

그 뒤 전에 함께 했던 각종 모임에 나가보았다. 그러나 갔다 오면 상처투성이다. 다른 사람들은 항상 똑같겠지만, 나 혼자서 아픈 것이다. 지인들 앞에서는 아무렇지도 않은 척하지만, 늘 어딘지 모르게 우울하고 만나기조차 싫어졌다. 일이 있다는 핑계로 종종 빠지기도 했다. 즐거운 일이 아무것도 없다. 그저 허탈하기만 했다. 길을 가다가 지인을 만나면 남편 이야기를 할까봐 가슴이 덜컹 내려앉았다.

다행히 착한 두 아들과 며느리, 손자와 손녀가 있어서 주말이면 자주 모인다. 그러나 그것도 잠시 뿐 그들이 돌아간 뒤의 공허함이란 무엇으로도 메울 수 없었다. 주중에는 이곳저곳 문화 센터를 전전긍긍하면서 돌아다녔다. 그 또한 돌아오면 허한 마음을 추스를 수가 없었다. 외출에서 돌아와 주차장에 차를 주차하는 순간 나도 모르게 눈물이 주르르 흘러 내렸다. 누가 볼세라 눈물을 훔치며 현관문을 들어서면 걷잡을 수 없이 쏟아지는 눈물. 얼마나 많은 물이 고여 있기에 그렇게 날마다 쏟아져도 마를 줄을 모르는 것일까.

피곤한 몸을 눕히고 잠을 청한다. 그대로 영원히 눈을 뜨지 않으면 좋겠다는 생각을 하기도 했다. 잠자는 시간만이 제일 편하니까. 그러나 잠에서 깨는 순간 몸을 일으키기도 전에 눈물은 어느새 가슴팍까지 적시면서 흘러내렸다. 사람들 앞에서는 늘 아무렇지도 않은 척하니까 지인들은 나를 보고 참 잘 살고 있다고 한다.

그러던 어느 날 또 아들이 보고 싶었다. 멀리 떨어져 사는 큰아들은 아침저녁으로 전화를 하는데, 그날따라 전화가 오지 않았다. 나는 아들에게 전화를 하면서

"얘, 엄마가 죽었는지 살았는지 궁금하지도 않니?"
하면서 농담 섞인 말을 했더니, 아들도
"아이 참, 엄마가 하루살이유? 하루 만에 죽게?"
하면서 웃는 것이었다.

그렇다 나는 하루살이가 아니다. 그런데 마치 하루살이처럼 살고 있지 않은가. 또 언젠가는 작은 아들이 넋을 놓고 있는 내가 안타까웠는지,

"엄마, 좋은 기회가 왔다고 생각하시고, 엄마가 평소에 하고 싶었

던 것을 하세요. 뭐든지 재미있는 것을 찾아봐요."
라고 했던 말이 떠올랐다.

그럼 무엇을 할까? 무심코 텔레비전 채널을 돌리다 방송대학 철학 강의를 듣게 되었다. 늘 보던 연속극보다 더 재미있었다. 순간 바로 공부를 해야겠다는 생각이 들었다. 그러나 일흔이라는 나이가 걸림돌이었다. 그래도 한 번 도전해 보기로 하고 작은 아들내외와 손녀를 데리고 방송대학교 대전지역대학을 둘러보았다. 30여년 교직생활을 해서인지 학교에만 오면 마음이 평안한 것 같았다.

'올해 나이 일흔이니, 일흔 살 선물을 내가 나에게 주자.'
그 선물로 방송대에 편입학 하기로 했다. 무슨 과를 선택해야 할지 몰라 고민을 하고 있는데, 지인인 Y가 자기가 다니고 있는 '문화교양학과'에 오라고 권했다. 교과목을 살펴보니 재미있을 것 같았다. 마침 그가 3학년이라 나도 3학년에 편입하여 같이 공부를 시작했다. 공부한 지가 오래되고 나이가 나이인 만큼 처음에는 좀 어려웠다.

그런데 한 학기를 마치고 성적이 나왔는데 격려장학생이라고 했다. 온 가족에게 자랑을 했다. 장학금은 적은 액수지만, 돈 액수가 중요한 것이 아니라 과락이 아니고 장학생이라는 것에 큰 용기가 생겼다. 4학년 2학기에는 우수 장학생이 되어 등록금 반액을 면제 받았다. 아들들은 웃으며 학교에 반환하라고 했다. 혹시 불우한 학생이 있다면 돌려주라는 뜻이다. 이렇게 가족과 동료들의 도움으로 올 2월 '시니어우수학습자' 상도 받고 우수한 성적으로 졸업을 했다.

그런데 막상 졸업을 해야 한다고 생각하니 또 할 일이 없어진 것 같아 허전했다. 아이들은 계속 학교를 다니라고 권했다. 남편을 보내고 3년을 우울증과 그에 따라온 여러 가지 질병으로 병원을 자주 찾았다. 그러던 내가 공부를 하면서 오히려 병원 가는 일이 줄었다. 늦은 밤에 자주 응급실을 찾아가기도 하고, 설상가상으로 산에 갔다가 넘어져 팔이 부러지기도 했다. 그로 인해 두 번의 수술을 하고 병원에 입원을 했다.

'그래, 노후의 놀이 감으로는 공부가 최고야.' 하는 생각이 들었다.

며느리는 대학원에 진학을 하라고 권했다. 그러나 나이가 나이인 만큼 그냥 재미로 할 수 있는 과를 다시 가는 것이 좋을 것 같았다. 모든 과를 살펴보다가 '관광학과'가 흥미도 있고 좋을 것 같은 생각이 들었다. 물론 대학 과정인데 재미와 흥미 만으로만 공부할 수 없다는 것은 알지만, 직접 여행을 가지 않아도 간접적으로 국내는 물론 세계를 돌아보고 싶었다.

첫눈에 띄는 과목은 '한국지리여행'이었다. 등록을 하자마자 교재를 구입해서 강의를 들었다. 흥미진진했다. 많은 곳을 여행했지만, 무심코 둘러보기만 했던 곳들이 새삼스럽게 다가왔다. 매일 저녁 9시면 EBS에서 방영하는 '세계 테마기행'도 더욱 흥미가 있고 호기심이 생겼다.

　세상에서 제일 어려운 병이 외로움 병이고, 가장 큰 스트레스는 부부사별이라고 했다. 방향을 잃고 허둥대던 나를 붙잡아 준 것이 바로 한국방송통신대학교다. 아이들은 내가 공부를 시작하면서 표정도 밝아지고 목소리도 맑아졌다고 한다. 늘 주저주저 했는데 나도 모르게 활기를 찾은 것 같고, 우울하기만 했던 마음이 밝아진 것 같다. 날마다 무엇인가 할 수 있다는 것이 즐겁기만 하다.

　본 대학은 너무 멀어서 이웃에 있는 모 대학 도서관을 찾기도 한다. 그럴 때마다 마치 19살 소녀가 된 것 같이 즐겁다. 책가방을 메고 나서는 날이면 저절로 웃음이 난다. 이웃에 사는 지인들이 '날마다 어디를 가냐?'고 물어 볼 때면

"저 대학생이어요. 공부하러 가요."

하고 대답하면 깜짝 놀라며 부러운 눈으로 바라본다. 며느리들은

"어머님, 참 대단하세요. 어머님, 존경해요."

라는 말을 하며, 손녀들도 나를 보고 '우리 할머니는 다른 할머니들하고 달라.'라고 말하곤 한다. 그런 말을 들을 때마다 더욱 용기가 나고 공부하기를 참 잘 했다는 생각이 든다.

　공부는 나의 새 삶이며 종교다. 그가 먼 길 떠난 뒤 나에게 이렇게 환한 날은 다시 돌아오지 않을 것 같았는데 방송대 덕분에 나는

새 인생을 살고 있다. 또 관광학과에 입학을 한다고 했더니, 아들은 다른 사람은 한 번도 못 가는 대학을 엄마는 세 번씩이나 다닌다면서 흐뭇해했다.

이만 하면 '일흔에 내가 나에게 준 선물'은 최고가 아닐까? 4학년까지 무탈하게 다닐 수 있기를 바라며 나는 오늘도 열심히 강의를 듣는다.

> # 동양의
> 베니스 소주

상해 관광을 마치고 소주로 향했다. 명절도 아닌데 고속도로는 마치 주차장을 연상케 했다. 한 시간 반을 달려도 평지뿐이다.

물의 도시 소주. 동양의 베니스라 불리는 이곳은 운하로 둘러싸였다. 소주가 살기 좋은 곳으로 소문난 것은 '어미지향魚米之鄕'이기 때문이다. 즉 생선과 쌀이 끊이지 않고 나는 곳이기에 천당이라 불리기도 한다. 현재는 여러 도시의 발달로 소도시에 불과하지만 옛날 비단 장수 왕서방의 고향으로 아름다운 수와 옥공예로도 유명하다.

해서 빼놓을 수 없는 실크 공장을 둘러보았다. 누에고치에서 실을 뽑아 비단을 만들고 명주솜을 만드는 과정을 간단히 보여 주었다. 어린 시절 어머니께서 끓는 물에 하얀 누에고치를 넣고 실을 뽑아 직접 베틀에 앉아 명주 짜시는 것을 보았기에 낯설지 않았다.

다그락 다그락 누에고치 뒤척이는 소리와 함께 실이 다 풀려 물레에 감기면 동동 떠 있던 번데기. 실 뽑는 날이면 동네 아이들은 풍로 옆에 둘러 앉아 번데기가 빨리 나오기를 기다리며 침을 꼴각꼴각 삼켰다. 그 고소했던 냄새가 풍겨 오는 듯했다. 정해진 일정에 쫓겨 실크 제품 한두 개씩 사 들고 소주 관광의 핵심인 졸정원으로 향했다.

　상해의 예원과는 달리 넓고 더 아름다웠다. 중국의 4대 정원 중 하나로 그 이름은 졸부들의 정치를 빗대어 지었다고 한다. 가장 중심인 중원에서 사방을 둘러보니 마치 무릉도원의 신선이라도 된 듯 했다. 공원 같은 이 정원은 왕헌신이라는 사람이 고향에 내려와 칩거하던 개인 저택이었다.

　내 상식으로는 그의 경제력이 상상이 안 되었다. 스위스를 축소하여 옮겨 놓은 듯 정원의 5분의 3이 아름다운 호수로 되었다. 군데군데 용도에 따라 아담하면서도 화려한 정자가 집주인의 여유로웠던 생활을 말해 주고 있었다. 정원을 가득 채운 수목으로도 모자라는지 분재원에는 갖가지 나무들이 기생처럼 요염하고 귀부인처럼 우아하게 자태를 뽐내며 사람들의 시선을 끌어 당겼다.

　아주 눌러앉고 싶었지만 발길을 돌려 소주의 대표적 사찰인 한산사에 들렀다. 당대의 고승 한산과 습득이 주지로 있어 얻은 이름이다. 종각에는 커다란 종이 매달려 있었다. 옛날 장계라는 시인이

과거에 일곱 번 낙방하여 매우 실심하던 중 마침 이 곳을 지나다가 일주일을 묵게 되었다.

그 때 이 종소리를 듣고 깨달음을 얻어 다시 공부하여 등극하게 되었다고 한다. 해서 지금도 대학입시나 중요한 시험을 앞 둔 젊은이나 부모들은 돈을 내고 이 종을 치고 간단다. 장계의 시비 앞에서 추억을 카메라에 담았다. 아무튼 중국은 넓은 땅덩어리만큼이나 사찰도 크고 그 안에 모신 부처님도 어마어마하다. 향불을 피우는 향 또한 나뭇단처럼 한 주먹씩 태워 냄새가 진동해 머리가 앞을 지경이다.

차를 타고 얼마를 달렸을까. 이곳에서 좀처럼 보기 힘든 언덕이 보였다. 호구라는 곳이다. 언덕을 다 오르면 오대산 자락 소금강의 마당바위를 닮은 펑퍼짐한 천인석이란 바위가 있다. 이곳에서 무왕의 무덤을 완성하고 보물들을 숨겨 두고 비밀을 지키기 위해 공사에 참여한 인부 천 명을 죽였다고 한다. 또 바위에 천명이 앉아 생공이라는 고승의 설법을 들었다 하기도 한다. 그래서 천인석이란다.

호구라는 이름은 합려의 장례 후 3일째 되던 날 백호 한 마리가 나타나 능을 지켰다는 전설에서 유래한 것이다. 또 호구 전체의 모습이 호랑이를 닮았기 때문이라고도 한다. 호구의 정상에는 소주의 상징인 호구탑이 서 있다. 47.5m의 이 탑은 피사의 탑처럼 약간 기울어 있다. 전해 오는 말로는 그 밑에 춘추시대 오나라의 왕 합려의 묘가 있어 비어 있기 때문에 차츰 가라앉는다고 한다. 묘를 파헤쳐 유물을 파내려 했지만 그랬다가는 호구탑 전체가 무너져 내릴까봐 보물을 묻어둔 채 채굴하지 못한다고 했다.

여러 곳을 둘러보았지만 가장 인상 깊었던 곳은 오진이다. 작은 운하를 따라 형성된 중국의 옛 거리다. 칙칙하고 음침한 모습이지만 중국인들의 옛 생활 모습을 볼 수 있었다. 썩은 시궁창처럼 고여 있는 운하의 한 편에서는 빨래를 하고 한 편에서는 더러운 대걸레를 빨고 있었다. 또 어떤 사람은 두레박으로 그 물을 퍼 올리기도 했다. 행여 홍콩의 수상 마을처럼 그 물을 먹으려 하는지 가이드에게 물었더니, 먹는 물은 따로 있다고 했다. 그 물로 무엇을 하는지 의문을 품은 채 마을로 들어섰다.

마을로 통하는 다리가 둘 있었다. 한 쪽 다리는 명예를 얻는 다리고, 한 쪽 다리는 부자가 되는 다리이니 알아서 건너라는 가이드의 말에 우왕좌왕하며 한바탕 웃었다. 공교롭게도 젊은 선생님들은 모두 명예의 다리를 건넜고, 나이 드신 선생님들은 모두 부자의 다리로 건넜다. 그렇다. 젊은 사람에게는 아직 얻고 싶은 명예가 있지만, 정년을 코앞에 둔 분들이야 돈이나 듬뿍 안겨 주면 그만 이랬다. 다리 건너에서 다시 만난 일행은 박장대소를 했다.

목화솜에서 실을 뽑아 천을 짜고 염색을 하던 것을 볼 수 있었다. 눈에 익은 모습이었다. 베틀에 앉아 베를 짜시던 어머니 모습 그대로였다. 전라도 산청 문익점 기념관이 떠오르기도 했다. 어머니처럼 베틀에 앉아 보았다. '찰칵 찰칵' 어머니의 바디치는 소리가 들리는 듯했다. 재래식으로 술을 빚는 양조장에도 들러 삼백주 한 잔씩 얻어 마시고 선물로 사기도 했다. 중국의 생활 모습은 우리와 비슷한 점이 많았다.

옛 시인 모순의 집도 들렀다. 유명한 시인의 생가나 시비를 찾을 때마다 가슴이 두근거린다. 잘 쓰지도 못하지만 시를 사랑하고 앞으로 좋은 시를 써 보고 싶은 욕망이 늘 가슴 한 구석에서 꿈틀대기 때문이다. 그의 젊은 시절 모습을 만들어 세운 동상 옆에서 사진을 찍었다. 그의 시심을 탐내면서 말이다. 말로만 듣던 그의 생가에 내가 와 있다는 것이 꿈만 같았다. 전시장에는 그의 가족과 그를 있게 해 준 스승의 사진이 걸려 있었다. 대대로 훌륭한 집안이었다. 또 모순으로 인해 부모와 스승이 세계 모든 사람들에게 알려짐을 보고

"그래, 자식을 잘 기르고, 제자를 잘 가르쳐야 해."
하고 말했더니 모두가 동감이라는 듯 고개를 끄덕였다.

나무 조각 전시장도 있었다. 기계도 없던 그 옛날에 어떻게 그토록 정교하고 아름다운 문양을 조각했을까. 이태리, 프랑스, 이집트, 터키, 그리스를 돌아보며 유적의 거대함과 아름다운 조각품에 놀랐는데, 여기 나무 문양들의 섬세함 또한 신이 만든 작품들이었다. 어

찌 사람의 손놀림이라 할까.

　또 집집마다 福자를 빨간색으로 크게 써서 출입문에 거꾸로 붙여 놓은 것이 이색적이었다. 처음엔 잘 못 붙여서 거꾸러진 줄 알았는데, 알고 보니 다른 뜻이 있었다. 한 번 들어온 복은 다시 그 집에서 나가지 말라는 뜻이라 했다. 일행의 웃음소리가 골목길을 막았다. 마카오에서 보았던 집집마다 문에 걸렸던 거울이 떠올랐다. 그것은 귀신이 왔다가 거울 속에 비친 자기 모습을 보고 그 집에는 다른 귀신이 먼저 왔으니 되돌아간다고 믿고 출입문에 거울을 걸어 놓는다고 했다. 성황당에 복을 빌고 장독대에 절을 하는 우리네와 뭐가 다르랴.

　상해에서는 하루가 다르게 변해가는 중국의 모습을 볼 수 있었다면 이곳 오진에서는 옛 중국인 생활의 진면목을 엿볼 수 있었다. 금방 가라앉을 듯한 나뭇조각 유람선을 타고 작은 운하를 따라 출발점으로 되돌아오는 것도 운치가 있었다. 운하 양쪽으로 옛 집들이 다 썩어가는 기둥에 몸체를 의지하고 있는 것이 용하기도 했다. 고깃덩이를 꼬치에 꿰어 문 밖으로 대롱대롱 매달아 놓은 것도 참 희한했다. 매달린 고깃덩이로 빈부를 가릴 수 있다는 말을 듣고 또 한바탕 웃었다. 웃음소리에 유람선도 꺼드럭꺼드럭 장단을 맞췄다.

　무대가 넓어야 배우들의 움직임이 크고 다양한 연기를 할 수 있다. 마찬가지로 이 넓은 국토에 발을 딛고 사는 사람들의 재주와 기량이 클 수밖에. 잠자던 사자가 기지개를 펴며 일어설 준비를 하듯 옛 문화를 바탕으로 개방의 급물결을 타며 날로 변해 가는 중국. 세계 제일의 강대국이 되지 않으리라는 법은 없다. 운하의 물은 생활하수는 물론 공장 폐수까지 흘러들어 죽은 강처럼 변했다. 하지만 옛 조상들의 치산치수를 하던 지혜의 앙금이 가라앉아 있었다.

(2007.2)

목걸이 명찰

　첫 손자가 초등학교에 입학을 한다. 며칠 전 유치원 졸업식에 참석하지 못한 것이 마음에 걸렸다. 설레는 마음으로 입학식에 참석했다.
　겨울의 끝자락에 얽힌 봄비가 아침부터 부슬부슬 내리기 시작해 스산했다. 어미 아비는 일찍 출근을 하고 남편과 함께 아이를 데리고 학교로 갔다. 제 어미가 근무하는 학교에 들어갔지만, 어미는 제 학급 아이들 돌보느라 짬을 내지 못했다. 강당이 없어 교실에서 방송으로 입학식을 했다. 아직 자리가 정해지지 않은 터라 앞에서 둘째 줄 중앙에 손자를 앉혀 놓았다. 내심 첫날부터 선생님 눈에 잘 띄기를 바라는 마음에서였다.
　드디어 교무부장의 안내 방송과 함께 식이 시작되었다. 국민의례가 있자 평소 개구쟁이는 어디로 갔는지 국기에 대한 경례를 바르게 하는 모습이 참 대견스러웠다. 할아버지는 손자의 모습을 카메라에 담느라 바빴다.

간단하게 식이 끝나고 담임선생님께서 목걸이 명찰을 나누어 주었다. 선생님께서 아이 이름을 호명하면 엄마가 나와서 명찰을 아이 목에 걸어 주라고 했다. 이름도 부르기 전에 가슴이 메어왔다. 어미는 잠깐 내려와 창 너머로 들여다보고 곧장 자기 교실로 올라간 뒤였다. '김영찬.' 손자의 이름이 불리자 얼른 나가 명찰을 목에 걸어 주었다.

"영찬아, 우리 영찬이 축하한다. 엄마가 선생님이라서 여기 못 오는 것 알지? 할머니가 달아 주어도 좋지?"
하며 아이의 등을 토닥여 주었다.

"예."
하고 대답하는 얼굴에서 섭섭해 하는 마음을 읽는 순간 울컥 눈시울이 화끈거렸다. 금방이라도 눈물이 쏟아질 것만 같았다. 어미가 없는 아이도 아닌데 이토록 마음 아픈 것은 31년 전 오늘이 떠올랐기 때문이다.

그 애 아비의 초등학교 입학식 날이었다. 아이를 칠순 노모에게 맡기고 출근을 했다. 마침 내가 근무하는 학교는 입학식을 하지 않았기에 일학년 담임들은 수업이 없었다. 내 사정을 알고 그 중 한 분이 우리 반 아이들을 보아 줄 테니 잠깐 아들 입학식에 다녀오라고 했다. 너무 고마워서 얼른 교장실로 뛰어갔다. 교장 선생님께 사유를 말하고 두 시간만 외출을 허락해 달라고 했더니, 고개를 갸우뚱하던 그는 한참 만에

"아이를 기르려면 사표를 내던가 해야지 이래서 되겠어?"

하는 것이었다.

서슬 퍼런 눈빛에 마음 여린 나는 두 말도 못하고 교장실 문을 나섰다. 어느새 가슴팍까지 축축해진 눈물을 누가 볼세라 훔치며 교실로 들어갔다. 그날 하루 종일 우울해 수업을 제대로 하지 못한 것은 당연한 일이다. 두 시간 외출을 허락해 주었더라면 나머지 시간은 신바람 나게 수업을 했을 텐데 말이다.

가슴에 박힌 상처는 잘 치유되지 않는다. 그날의 기억이 주마등처럼 뇌리를 스쳐 마음을 추스르지 못했다. 조금만 배려를 했더라면 이순을 넘겨 할미가 되어서까지 이렇게 아파하지는 않았으리라. 그때 그 교장 선생님은 지금 하늘나라 어디쯤 떠돌고 있을까.

그래서 남편이 승진을 해 첫 출근하는 날, 제일 먼저 부탁한 것은 결혼한 여선생님들을 잘 배려하라는 말이었다. 입학식뿐이던가. 소풍가는 날, 운동회, 졸업식 등 한 번도 참석하지 못해 불혹을 눈앞에 둔 아들인데도 생각할 때마다 안타깝고 미안하다. 내 아이는 제대로 돌보지 못하고 남의 자식만 30년을 가르친 셈이다. 그 시절에는 아이 때문에 결근을 한다거나 조퇴를 하면 큰 오류를 범하는 것

처럼 되었다. 어떤 여선생은 일부러 화장을 하지 않고 출근을 해 본인이 아프다고 거짓말을 하기도 했다. 그 가슴 아픈 일을 며느리가 대물림하며, 내가 걸어온 길을 그대로 답습하는 것 같아 마음 아플 때가 많다.

 아이들이 하교를 시작하자, 할아버지는 손자의 입학 흔적을 하나라도 더 남기려고 찰칵찰칵 카메라 셔터를 눌렀다. 모두 하교하기를 기다렸다가 담임선생님께 손자를 잘 부탁드린다는 당부도 잊지 않았다.

 어미가 퇴근을 해 오늘 입학식 잘 했느냐는 질문에
 "응, 엄마가 명찰을 걸어 주었으면 더 좋았을 텐데…."
하고 응석을 부리며 엄마를 꼭 껴안는 아이의 얼굴에 옅은 그림자가 스쳐 지나갔다. 예상했던 일이다. 할아버지, 할머니가 아무리 잘 해 주어도 펑 뚫린 아린 가슴을 어찌하랴. 그럴까봐 사달라는 돈가스도 사주고 최선을 다 했지만 아이는 흐뭇하지 못했던 것이다.

 그 애 뿐만이 아니라 몇몇 아이들이 할아버지, 할머니 손을 잡고 왔다. 맞벌이 부부들의 애환이다. 그날만이라도 함께 할 수 있는 방안은 없을까. 엊그제 어미 뱃속에서 나온 것 같은데 벌써 입학을 하게 된 것이 감개무량하면서도 왠지 쓸쓸하다. 어미대신 할미가 명찰을 목에 걸어 주었지만, 혼자서 스스로 하는 법을 남보다 일찍 터득한 제 아비처럼 바르고 건강하게 자라리라 믿는다.

돌고 도는 것이 돈이라지만

바람이 차가운 아침, 성당에 가는 길이다. 한 여인이 자기보다 훨씬 큰 보따리를 양손에 들고 어구적어구적 걸어간다. 그러더니 그 보따리를 놓고 오던 길로 되돌아 다른 보따리 두 개를 다시 들고 온다. 네 개의 보따리를 번갈아 옮기고 있다. 그렇게 해서 장터까지 갈 셈인가 보다. 머뭇거리다가 가던 길을 멈추고 보따리를 들어보려는 순간

"그거 엄청 무거워서 못 들어요."

하며 헐떡헐떡 잰 걸음으로 온다. 들어보려 했더니, 꼼짝도 하지 않는다. 그런 것을 양손에 들어 버스승강장에서부터 번갈아 옮겼나 보다. 횡단보도만 건너면 바로 그녀가 전을 벌일 장터다.

"그럼, 이거나 하나 들어 주세요."

그녀는 가장 가벼운 것 하나를 건네준다. 받아드는 순간 어깨가 기

우뚝 한쪽으로 기운다. 신호등을 기다리는 동안 요즈음 장사 잘 되느냐고 물었다. 경기가 좋지 않아 힘들다고 한다. 그래도 식당 아르바이트보다는 나은 것 같아 이 일을 한단다.

엊그제 신문에는 무기거래로 천문학적인 돈을 모은 자의 이야기가 보도 되었다. 그는 떼강도에게 천사백 억이란 어마어마한 돈을 도둑맞고도 신고하지 않았다. 훔친 도둑을 취재하다 확인되었을 뿐이다. 재산 규모를 알 수 없으리만큼 부자인 그는 자기 집에 그렇게 많은 돈을 가지고 있다는 사실을 알리고 싶지 않았던 것이다. 그 돈을 훔친 강도는 교도소에서 출감하면 쓰려고 CD, 채권 등 이백 억 원 상당의 것을 감춰 놓았다. 허나 출소하고 보니 모두 인출 금지가 되어 휴지조각이 되고 말았단다.

그런가 하면 같은 신문 앞면에는 일억 천만 원짜리 수표를 자선 냄비에 넣은 익명의 신사 이야기도 보도되었다. 불편한 사람들을 위해 써 달라는 메모도 동봉했단다. 선악이 엇갈리는 보도다. 이렇게 많은 돈들이 발 없이도 돌고 도는데 그 여인은 왼 종일 지폐 몇 장 전대에 넣기도 힘든 모양이다. 물건이래야 싸구려 양말이며 장갑, 잡화 몇 가지뿐인데 무게만큼 돈이 될 리 없다.

신호등 건너 바로 코너가 그녀의 오늘 하루 일터다. 한 숨을 몰아쉬면서도 고맙다는 인사를 놓치지 않는다. 물건 많이 팔라는 덕담은 했지만 왠지 마음이 무겁다. 돈이란 무엇인가. 운전을 못하는

지, 아니면 그 흔한 중고차 한 대 구입하지 못했는지, 무거운 짐을 시내버스로 운반해야하는 가녀린 그녀가 자꾸 가슴에 얹힌다.

  이렇게 모두 어렵다고 아우성인 요즈음 외제 자동차, 명품 핸드백 때문에 법정에서 논란을 일으키고 있는 여검사 사건은 자못 충격으로 다가왔다. 누구보다도 올바르게 살아야 할 그가 타락의 길로 간다는 것은 불신을 자초하는 일이다. 누구에게나 공평하시다는 하느님도 자본주의 4.0 시대도 빈부의 격차는 어찌할 수 없단 말인가.

  오늘따라 기온이 급격히 떨어진다는 일기예보가 맞는지 찬바람이 옷 속으로 파고든다. 돌고 도는 그 많은 돈 중에 한 움큼쯤 그녀의 시린 손에 쥐어지길 바라며 성당을 향해 발길을 옮겼다.

지상천국 캐나다

　동경의 나라, 캐나다로 여행을 떠났다. 인천 국제공항으로 가는 길가의 나무들은 8월의 햇살에 진초록으로 흠씬 젖었다. 바닷가 갯벌에는 염초가 마치 카펫을 깔아 놓은 듯 온통 보랏빛이었다.

　저녁 7시 35분, 토론토 행 여객기에 탑승했다. 공항에 도착하니 같은 날 저녁 7시 45분이었다. 시차 때문이다. 날씨는 우리나라와 비슷하지만 습기가 없어 아침저녁으로는 가을 날씨같이 상큼했다. 공항에 내리니 반갑지 않은 비가 부슬부슬 내리고 있었다.

　곧바로 나이아가라 폭포의 야경을 보기 위해 출발했다. 밤거리는 네온사인이 많이 켜 있지 않아 어둑어둑했다. 전기 소모가 너무 많은 우리나라가 보고 본받아야 할 일이었다.

　나이아가라 폭포는 아프리카의 빅토리아 폭포, 남미의 이과수 폭포와 함께 세계 3대 폭포로 국제적 명소다. 세계적으로 유명한 자연 경관 중의 경관이다. 이 폭포는 캐나다 폭포(Horseshoe Falls)와 미국 폭포(American Falls)로 나뉘어 있다. 미국 쪽 폭포는 폭이 약 310m, 높이는 51m이고, 캐나다 폭포는 폭이 약 900m, 높이가 48m 쯤 된다. 캐나다 폭포는 호스슈(말발굽) 폭포라고도 부른다. 미국 폭포의 3배나 되는 이곳은 마치 말발굽 모양으로 되어 있다.

 야경은 대충 보았다. 오랜 비행으로 모두가 피곤해 숙소로 가는 시간이 급했다. 해서 일행 모두는 그 환상적인 밤의 장관을 제대로 보지 못했기에 좀 실망했다. 미국 폭포의 한 줄기가 마치 핑크빛 비단을 걸어 놓은 듯 절벽에 걸쳐 있는 모습이 눈에 띄었을 뿐이다.

 캐나다에서의 첫 밤을 보내고 다시 나이아가라 폭포로 향했다. 그런데 이게 웬 일인가. 밤새 폭포의 울음소리에 잠을 설쳐 토끼 눈처럼 빨간 눈에 불똥이 튀었다. 어젯밤에는 차에서 내리지도 않고 어두운 밤에 차창으로 빠끔히 내다만 보아 이 웅장한 실체를 알지 못했다. 유리판처럼 맑은 하늘 아래 천지를 흔들어 대듯 굉음을 내며 쏟아지는 폭포수에 넋을 빼앗겼다. 한 순간 귀가 멍했다. 또 하루 중에도 시간에 따라 물소리가 달라지고 연중 계절에 따라서도 달라진다고 했다.

 인디언은 나이아가라 폭포가 천둥치듯 소리를 내며 떨어지는 것은 신이 노한 것이라 생각했다. 해서 매년 아름다운 처녀를 바쳤다는 안개 소녀의 전설이 내려오고 있다. 가끔 물보라 속에서 그 모습이 비친다고도 했다. 연 중 1,000만 명이 넘는 관광객이 찾는 이곳은 5대호*의 하나인 이리 호에서 흘러나온 나이아가라 강이 온타리오 호로 들어가는 도중 약 50m의 낙차가 생겨 이루어진 자연 경관이다.

폭포 아래쪽에는 미국과 캐나다를 연결해 주는 다리가 있다. 이 다리를 건너면 미국과 캐나다를 오가는 셈이다. 미국 폭포보다 캐나다 폭포가 더 웅장하고 아름답기에 걸어서 다리를 건너오는 관광객들도 종종 볼 수 있다.

우리는 비옷을 입고 가장 유명한 크루즈 중의 하나인 안개 숙녀 호(Maid of the Mist)에 승선을 해 폭포 가까이 갔다. 물보라와 물안개가 우리를 덮쳐 소나기를 맞은 듯 흠뻑 젖었다. 물안개 속으로 수천수만의 선녀들이 하얀 날개옷을 입고 하늘로 날아오르는 것 같았다.

말끔히 정돈 된 주변의 공원에 있는 테이블락 전망대에 올라 폭포를 내려다보았다. 옥이 녹아내리듯 옥빛을 띄기도 하고, 하늘빛처럼 파란 물줄기도 있고, 푸르다 못해 검은 빛으로 쏟아지다가 눈이 부시도록 하얗게 부서져 내리기도 했다. 마치 하얀 눈이 엉겨 붙은 것처럼. 온 세상의 물이 이곳에 다 모여든 것 같았다. 이 많은 물

---

* 슈피리어 호. 휴런 호. 미시간 호. 이리 호. 온타리오 호. (북아메리카 대륙 동부 중앙에 있는 일련의 호수 군)

을 사막 지대로 곧장 보낼 수만 있다면 얼마나 좋을까. 이 경관을 하나라도 놓칠세라 카메라에 담느라고 일행들의 손놀림은 매우 분주했다.

우리나라(남한)의 104배나 된다는 넓은 땅덩어리. 3,200만 밖에 살지 않는다는 지상 천국 캐나다. 국토 면적이 러시아 다음으로 큰 나라인데 인구는 면적이 적은 옆 나라 미국의 10분의 1 정도밖에 안 된다. 좁은 땅에 4,000만이 넘는 사람들이 북적이는 우리나라와는 비교할 수가 없다. 이런 폭포가 우리나라에 있다면 얼마나 좋았을까. 전 세계 사람들이 이곳에 돈을 쏟아붓고 가니 잘 사는 나라가 더 부유해질 수밖에.

나이아가라 관광을 마치고 토론토로 향했다. 세계에서 가장 높은 CN(Canadian National) 타워에 올랐다. 이것은 텔레비전과 라디오의 전파를 보내기 위해 건립된 송전탑으로 토론토를 대표하는 로켓 모양의 콘크리트 탑이다.

스카이 포드(Sky Pod)에서 내려다보니 온타리오 호수와 숲으로 둘러싸인 토론토 시내가 한눈에 들어왔다. 맑은 날은 전망대에서 바라보면 나이아가라 폭포도 보인다고 했다. 유리(Glass Floor)로 된 전망대의 바닥에서 내려다 본 광경은 아찔했다. 유리 위로 발을 디디는 순간 몇 백 미터 낭떠러지로 떨어져 버릴 것만 같아 현기증이 났다. 다리를 후들후들 떨며 몇 발짝 걸어 보았다.

전망대 아래로 내려다보이는 온타리오호수는 너무 넓어 호수라기보다는 바다처럼 보였다. 바다에서나 볼 수 있는 수평선이 있으니 말이다. 호수의 넓이가 한국 국토의 두 배나 된다고 했다. 토론토에서 뱅쿠버까지 나 있는 직선도로(영 스트리트)가 까마득히 보였다. 길이가 1,800여 킬로미터나 된다고 했다. 우리나라에서는 상상이 안 되는 거리다. 그러니 땅이 얼마나 넓고 평평한지 짐작이 안 된다.

또 이곳 바로 옆에 있는 토론트의 자랑거리 경기장(Rogers Centre)이 있다. 세계 최초의 개폐식 돔으로 미국 메이저리그 아메리칸리그에 소속 된 캐나다 프로 야구팀 토론트 블루 제이스의 홈구장이다. 야구 시합의 경우에는 5만 4천 명 정도, 콘서트의 경우엔 7만 명 정도를 수용할 수 있는 매우 큰 규모의 경기장이다. 높이 86미터인 스카이 돔(Sky Dom)은 20여 분에 걸쳐 개폐 되며 지붕이 열리면 좌석의 92%가 하늘을 볼 수 있다.

도로를 달리는 차들은 낮에도 전조등을 켜고 다녀서 이상했다. 모든 차가 다 모르고 불을 켰을 리는 만무하다. 궁금해서 물어 보았더니 교통사고 방지를 위해서 그런다고 했다. 시동을 걸면 동시에 전조등이 켜지게 되어 있단다. 또 거위가 지나가도 차들이 서서 기다려 준다는 이야기를 듣고 깜짝 놀랐다. 우리나라 차들은 사람이 조금만 천천히 걸어도 경적을 울려대는 판에 그 여유로움에 감탄했다. 도심으로는 공해 방지를 위해 전차가 다니고 있었다.

이 나라는 사회복지가 잘 되어있다. 가장 부러운 것은 의료비가 무료라는 거다. 비싼 의료비 때문에 불치의 병을 앓고 있는 우리나라 어린이들을 생각하니 몹시 안타까웠다. 또 베이비 보너스라고 해서 고등학교 졸업 할 때까지 우리나라 돈으로 환산하면 한 달에 250,000원 정도의 돈이 지급된다. 그리고 65세가 되면 월 130만원에서 140만원 정도의 생활비가 나온다.

직장 연금은 65세쯤 되면 400-500불이 지급되니 우리나라의 배가 되는 셈이다. 해서 노인들의 천국이다. 우리나라의 오갈 데 없는 노인들의 얼굴이 안타깝게 떠올라 서글펐다. 공원도 입장료 없이 얼마든지 사용할 수 있다. 입장료와 주차료가 비싸 국립공원을 마음 놓고 갈 수 없는 우리와 비교가 되었다. 모든 사람들이 가정 중심으로 생활을 하고 있어 우리들처럼 다른 사람들과 무리지어 다니는 일은 드물다. 향락을 즐기려하는 사람들은 오히려 살기가 어려운 나라란다.

하늘에서 내려다 본 캐나다는 마치 바둑판처럼 도로가 나 있었다. 높은 건물은 도심에서 눈에 띌 뿐, 모두가 우리나라의 Pension 같은 집들이었다. 달리고 달려도 푸른색 뿐, 푸른 잔디, 우거진 숲. 한 일행은 캐나다 여행기를 그림으로 그리라면 녹색과 연두색 그리고 파랑색 물감만 있으면 되겠다고 했다. 그저 부럽기만 했다.

이 좋은 나라가 우리 후손들에게 물려줄 땅이 아님이 아쉽다. 허나 지도상에 점처럼 작은 우리나라가 그 큰 나라들과 어깨를 나란히 하며 세계를 향해 힘차게 뻗어가고 있다는 자부심을 갖고 캐나다에서 첫날 관광을 접었다.

(2006.2)

행복동 1번지

　언컨텍트 시대의 여행은 거실에서 즐긴다. 오늘도 지리산 '행복동 1번지'를 찾아 떠났다. 그곳에는 서울 생활에 지쳐갈 무렵 지리산을 찾은 부부가 살고 있었다. 맞벌이로 두 자녀를 기르느라 모든 에너지를 다 소비한 후 쉴 겸 찾아들었다고 했다.

　아내의 고향인 지리산 자락에 자리 잡은 고택은 살기에 불편한 것뿐이었다. 아내의 학력은 겨우 중학교 졸업이었다. 그는 그의 꿈을 펼치기 위해 열심히 공부하여 대학원까지 마치고 취미활동에 몰두하고 있는 중이다. 남편은 고된 직장 생활을 그만 두고 불교 수행을 하는 중이며 사진작가란다.

　비록 오래되고 불편한 집이지만, 자기들의 공간을 만들어 따로 또는 함께 즐기며 살고 있다. 창문을 열면 지리산이 통째로 집안으로 들어오고, 텃밭에서는 손수 가꾼 유기농 채소들의 초록빛 이야기가 사각사각 들려온다. 장작불 지펴서 만든 닭백숙 냄새가 멀리 있는 나의 입맛까지 자극했다.

어느 날, 식당을 했었다는 아내는 김밥과 텃밭에서 얻은 간단한 야채샐러드를 손쉽게 만들었다. 그것을 마당 한쪽에 자리한 자연석으로 된 식탁에서 식사를 하는 모습이 참 정겨웠다. 그들은 날마다 집안에서 소풍을 할 수 있어서 좋다고 하면서 아내가

"인생은 어차피 소풍 왔다 가는 것 아닌가?"

하고 말하자 남편은

"인생은 연극이야. 한 바탕 연극이 끝나면 되돌아가는 거야."

하며 껄껄 호탕하게 웃었다.

식사가 끝나고 사진작가인 남편은 카메라를 들고 나왔다. 아내는 뜰에 있는 흔들 그네에 앉아서 포즈를 취했다. 남편은 순간을 놓일세라 찰칵찰칵 아내의 모습을 카메라에 담았다. 시원한 바람 한 자락도 그녀의 긴 머리칼을 휘휘 날려주며 동참했다. 아름다운 한 폭의 그림이었다. 내심 부러운 생각이 문득 들었다. 그들 부부가 앉아 있는 자리에 우리 부부를 앉혀 보았다. 입가에 미소가 절로 흘렀다. 그러나 그것은 그리움일 뿐이라는 것을 금시 깨달았을 때 맑았던 하늘에 구름 한 점 살짝 끼어들었다.

지금처럼 늘 자기 자신의 꿈을 찾으며 지리산 '행복동 1번지'라는 무대에서 그들의 인생 연극이 끝나는 날

나 하늘로 돌아가리라

아름다운 이 세상 소풍 끝나는 날

가서, 아름다웠다고 말하리라

하는 천상병 시인의 시처럼 되기를 바란다.
  지리산 계곡의 청량한 물소리와 바람소리, 새들의 합창소리가 환청으로 들려온다.

종심

아파트 근처에 아담한 동산이 있다. 차를 타고 가지 않아도 쉽게 갈 수 있어 좋다. 해서 동네 사람들의 체력 단련장 노릇을 톡톡히 한다. 제일 가까운 곳은 운동봉, 그 다음 소태봉, 노인봉, 마지막 정상이 옥녀봉이라 불린다. 대부분 사람들은 옥녀봉을 가지만 나이와 건강 상태에 따라 오르는 곳이 다르다.

겨울에는 가끔 지인과 함께 따뜻한 오후 시간을 택해 걷기도 한다. 옥녀봉까지 가는 것은 버거웠다. 노인봉을 돌아가면 M대학 캠퍼스가 나온다. 그곳에서 조금 쉬었다가 가까운 지름길로 돌아오면 내 체력에 딱 알맞은 거리다.

아직 바람이 좀 싸늘하기는 하지만 새벽에 길을 나섰다. 완연한 봄 날씨다. 등성이를 따라 걷다보니 오히려 땀이 났다. 사방에 봄꽃들이 활짝 피고 산새들의 노래 소리에 끌려 마지막 봉오리인 옥녀봉까지 거뜬히 올랐다. 간단한 체조로 몸을 풀고 내려왔다. 기분이 상쾌하고 몸이 가뿐했다.

이튿날 새벽에도 산에 갔다. 돌아오는 길이 어제만큼 가볍지는 않았다. 오는 길에 지인을 만나 내 속도보다 좀 빨리 걸어서 그런가 보다. 아침 식사 후 성당에 갔는데 그날따라 미사 시간이 길었다. 다리에서 경련이 일기도 하고 발바닥이 아프기 시작했다. 미사 시간이 끝나자 도망치듯 서둘러 집으로 왔다. 다행이 한 숨 푹 자고 나니 좀 풀린 것 같았다.

셋째 날이다. 일찍 길을 나섰지만 다리가 무겁고 허리가 아팠다. 어찌할까 망설이다가 운동봉에서 뒤돌아 집으로 왔다. 나의 체력과 나이를 잊은 채 걸어 무리를 한 것 같다. 공자님 말씀에 과유불급過猶不及이란 말이 있다. 지나치면 미치지 못한 것만도 못하다는 말이다. 이제 나이를 생각할 때가 된 것 같다. 흔히 사람들은 나이는 숫자에 불과한 것이니 그 숫자에 매이지 말라고 한다.

그러나 나이를 무시할 수는 없다. 운동뿐만이 아니라 모든 면에서 나이에 걸맞아야 한다. 격에 맞지 않는 행동은 본인은 물론이고 가족들까지 힘들게 한다. 나이를 먹는 것은 늙는 것이 아니라 익어 가는 것이란다. 육체적 건강도 좋지만, 잘 발효된 음식처럼 주의 사람들에게도 유익한 어른이 되어야 할 때가 온 것 같다.

칠십을 종심이라 한다. 종심소욕불유구從心所慾不踰矩라는 말이 떠오른다. 즉 종심, 나이 칠십이면 자기 뜻대로 행하여도 도리에 어긋나지 않는 나이라는 뜻이다. 어느새 칠십의 문턱에 섰다. 지금은 모든 것을 조금씩 덜어내는 연습이 필요하다. 몸과 마음을 가다듬어야 한다. 나의 모든 행실이 뒤따라오는 이들이 걷고 싶은 길이 되어야 하지 않겠는가.

추억이 담긴 까치집

 가까이 지내는 지인 부부와 나들이를 갔다. 목적지는 가까운 운장산 국립자연휴양림이다. 가는 길에 운일암 반일암을 거쳐 마이산에 들렀을 때 문득 오래 전 일이 떠올랐다.
 며느리를 맞아들이고 두 번째 맞는 추석 연휴로 기억된다. 어떻게 하면 신세대 며느리에게 부담 주지 않고 즐거운 명절을 지내게 할까 생각하다가 자연 휴양림으로 갔다. 세상에서 우리만 며느리가 있고 손자가 있는 것처럼 설레었다.
 추석날 고향에 가서 차례를 지내고 성묘를 한 뒤, 우리는 운장산으로 향했다. 가는 길에 오늘처럼 운일암 반일암을 들러 마이산도 들렀다. 그 때는 내비게이션도 없어서 낯선 시골길을 물어물어 찾아갔다. 그 날도 남편은 앞장을 서며 이곳에 처음 온 며느리에게 설명을 하고 사진을 찍어 주느라 분주했다.

그런데 오늘은 계단을 오르다 숨을 고르고, 또 몇 계단 오르다 간간이 놓여 있는 의자에 앉아 쉬며 간신히 두 봉우리 사이에 있는 쉼터까지 올랐다. 몇 개월 전만 해도 계룡산 최고봉을 오르내렸다는 것이 믿어지지 않았다. 무심코 오르고 보니 반대쪽으로 올라 마이산의 진면목을 볼 수 없었다.

할 수 없이 온 길을 되돌아서 내려와 차를 타고 남문 주차장으로 갔다. 그는 이미 탈진을 했는지 밑에서 사찰이나 둘러보며 기다릴 테니 갔다 오라고 했다. 남편과 함께 있고 싶었지만 그들을 따라갔다. 다녀오는 동안 내내 마음 졸였다. 그가 앞장을 서서 가며 그들의 사진도 찍어 주고 길을 안내하는 것이 본연의 모습인데 안타까웠다.

와본 지가 오래 되어 모든 것이 생소했다. 봉우리의 모양이 말의 귀 모양 같다 해서 붙여진 이름 마이산은 자연이 만들어낸 최고의 걸작이라 한다. 하나는 자봉雌蜂이라 하고 다른 하나는 웅봉雄蜂이라 한다. 또 거센 태풍에도 변함없는 팔십 여개의 돌탑은 인간이 만들어낸 최고의 걸작이라 한다. 십년이면 강산도 변한다는 말은 옛말일 뿐, 돌탑만은 갖은 풍파에도 여전히 의연하게 서서 사람들의 눈길을 사로잡았다.

마이산을 둘러보고 찾아간 휴양림, 공교롭게도 전에 우리가 묵었던 그 집이었다. 현관문에 '까치집'이라 붙어 있는 표찰이 정겨웠다. 문을 열고 들어서니, 아담한 이층 방이 눈에 들어왔다. 겨우 돌을 넘긴 손자를 데리고 왔었다. 아장아장 서툰 걸음으로 가파른 계단을 오르내려 조마조마했던 일이 엊그제였던 것처럼 눈에 선했다.

이튿날 아침, 예상했던 대로 비가 축축하게 내렸다. 어제는 해저물녘에서야 도착해 주변을 돌아보지 못했다. 창밖으로 내려다보이는 경관이 발을 끌어당겼다. 지인과 함께 우산을 쓰고 산책로를 따라 나섰다. 십여 년 전 일이 새록새록 되살아났다. 그때는 그이와 유모차에 손자를 태우고 밀며 이 길을 걸었다. 사람을 알아보기 시작하면서 그 애는 할아버지만 좋아하고 나를 마다했다. 이유는 모르겠지만, 제 나름대로 마음에 들지 않았던 모양이다. 그래서 좀 섭섭하기도 했지만, 우리는 마냥 행복했었다.

그 손자는 벌써 열한 살, 초등학교 4학년이 되었다. 아이는 해마다 쑥쑥 자라고, 고희를 맞는 할아버지의 얼굴은 주름만 더 늘어갔다. 새벽이슬보다 더 영롱한 손자의 눈을 맞추며 유모차를 밀던 추억이 서리서리 담긴 '까치집', 오늘은 지인과의 아름다운 추억 하나 더 담아 놓았다. 기억조차 하지 못할 손자 녀석과 다시 한 번 와 보고 싶다. 내 마음을 알기라도 하듯 그칠 줄 모르고 추적추적 내리는 가을비는 허허로운 가슴을 촉촉이 적셨다.

러브 스토리

영화 '러브스토리'를 오랜만에 다시 보았다. '에릭 시갈(Erich Segal)'의 베스트셀러 소설을 영화화 한 것이다. 명문 부호의 아들인 올리버와 이태리 이민 가정의 가난한 제니의 안타까운 사랑 이야기다. 현재도 우리 안방 연속극에서 흔히 볼 수 있는 내용이다.

올리버는 대학 졸업 후 변호사가 되지만, 제니는 백혈병에 걸려서 시한부 인생을 살다가 25세 꽃다운 나이에 세상을 떠난다. 결혼을 반대한 아버지와 연을 끊고 살았다. 제니가 죽은 후에야 뒤늦게 연민의 눈으로 아들을 바라보는 아버지. 참으로 끊어내기 어려운 것이 천륜인가 보다.

영화를 보다가 우리의 20대가 떠올랐다. 남편과 서로 좋아했지만, 마찬가지로 우리집안의 반대가 심했다. 올리버 가정처럼 명문 부호는 아니었지만, 나는 막내로 아쉬움을 모르고 자랐다. 우리 어머니께서는 평범한 집안의 아들이며 교사인 남편에게 막내딸을 보낼 수가 없다고 하셨다.

어느 날, 우리는 주변 사람들의 눈을 피해 서로 다른 버스정류장에서 차를 타고 극장에 갔다. 극장에서는 '청춘을 불사르고'라는 영화를 상영하고 있었다. 내용이 무엇인지도 모르고 표를 사서 들어갔다.

요란한 선전을 마치고 시작된 영화는 마치 우리에게 보여주려는 듯 청춘 남녀의 사랑 이야기였다. 주인공마저 우리와 똑같은 교사였다. 주인공은 서울에 사는 부잣집 딸인 여교사와 시골의 가난한 집안 출신의 남교사였다. 그들은 여자 부모의 반대에도 불구하고 둘이서 섬으로 도망갔다.

그 영화를 보고 나온 남편은
"우리도 도망갈까?"
하며 농담을 했다. 그러나 우리는 그럴 용기조차 없는 사람들이었다. 부모님 말씀이라면 그저 복종하는 모범생들이었다. 시댁 부모님들은 쾌히 승낙을 하셨지만, 결국 어머니께서는 눈물을 흘리시면서 어렵게 결혼을 승낙하셨다. 왜 그렇게 결혼을 하려면 옛날이나 지금이나 조건이 까다로운지 모르겠다. 결혼은 당사자가 하는 건데 주관은 늘 부모님과 주변 환경이다.

아내를 보내며 슬퍼하는 올리버를 보면서 멀리 가버린 남편 생각

이 떠올랐다. 떠나기 한 일주일 전 즈음인 것 같다. 남편은 나를 애처로운 눈으로 바라보며

"그래도 당신이 70세 될 때까지라도 함께 살아야 남편 노릇을 하는 건데, 난 그러지 못할 것 같아서 미안해. 내가 없더라도 당신은 아이들과 함께 오래오래 행복하게 살다가 와. 나는 지금 떠나도 걱정할 것도 후회할 것도 없는데 당신을 두고 가는 것이 마음에 걸려."

라고 하면서 눈물을 글썽이던 그의 눈망울이 아른거렸다.

뒤돌아보니 42년을 함께 살면서 때로는 눈비 내리는 날도 있었지만, 그리 어려운 일 없이 평탄하게 살았던 것 같다. 어머니께서 처음에는 반대를 하셨지만, 살면서 막내 사위를 무척 사랑하셨다. 어렵게 한 결혼이라 우리는 부모님이나 형제들에게 보기 좋게 살려고 노력했기 때문인가 보다. 가끔은 주변사람들에게 잉꼬부부라고 불릴 만큼 우리는 서로 아끼며 살았다.

'사랑하는 사람끼리는 미안하다는 말을 하지 않는 거야.' 죽어가면서 남편 올리버에게 제니가 남긴 말이 되뇌어진다. 사랑은 언제나 얄궂게 아픔만 남기고 떠난다. 잔뜩 찌푸린 일요일 오후 금방이라도 비가 내릴 것만 같다.

건망증

　사오십 대 중년 여성들의 가장 큰 고민거리는 건망증이다. 요즈음 모임에 가 보면 날짜를 잊어버려 못 오는 사람, 장소를 잊어버려 몇 번씩 전화로 재확인하는 사람, 지갑은 들고 왔는데 빈 지갑을 덜렁 들고나와 회비도 못 내는 사람, 각양각색이다. 모두가 같은 처지이다 보니 그런 일쯤이야 관대하게 이해하고 웃어넘기고 만다.
　매주 월요일은 노인대학 강의가 있는 날이다. 아침 일찍 부리나케 뒷산에 갔다 와서, 늦잠꾸러기 둘째 아들 국을 끓이며 머리를 빗고 옷을 챙겨 입었다. 빼놓고 갈까봐 가지고 나갈 준비물은 전 날 저녁에 모두 챙겨 현관 앞에 놓았다. 가스레인지 위에서 보글보글 끓고 있는 곰국은 잊은 채, 챙겨 놓은 준비물만 들고, 아들에게 메모지 한 장 적어 식탁 위에 올려놓고 집을 나섰다.
　아파트 정문 앞에서 바로 버스를 타고 두 정거장쯤 갔다. 갑자기

국 냄비 생각이 났다. 황급히 일어서 차를 세워 달라고 했다. 후들후들 떨리는 다리로 집을 향해 달렸다. 그러나 마음만 달리지 발은 떨어지질 않았다. 온 집안이 연기로 가득찬 것 같았다. 급히 현관문을 들어서니 아직 탄내가 나지 않아 안심이 되었다. 바짝 졸아가고 있는 국 냄비를 보고, '후유' 한숨을 내쉬었다.

아무렇지도 않게 깊은 잠에 빠져있는 아들을 깨웠다. 깜짝 놀라 일어난 아들은, 가스가 자동으로 꺼지게 되어 있는데 괜한 걱정만 한다고 느물거렸다. 아들한테 차를 태워다 달라고 하여 겨우 시간에 늦지 않게 도착 할 수 있었다. 불이 났으면 어쩔 뻔했나 하는 생각에 하루 종일 머리가 아찔아찔하였다.

언젠가는 저녁밥을 짓다가 겉절이가 맛있게 만들어졌기에, 옆 라인 선배 언니한테 주고 싶어 한 접시 들고 내려갔다. 언니에게 건네주고 밥하다 말았다며 나름대로 빨리 뛰어 오는데, 엘리베이터에서 내리는 순간 된장 타는 냄새가 코를 찔렀다. 현관 앞에 들어서니, 앞 뒤 문을 활짝 열어 제친 채, 이마에 내 천 자를 크게 쓰고 남편이 탁 버티고 서 있었다.

"이 여자야, 밥하다 말고 어딜 갔다 오는 거야. 나가려면 가스 불을 끄고 나가던지, 아니면 보라고 말을 하고 가야지."

책을 보는데 누구네 집에선가 된장 타는 냄새가 나는 것 같아, 혹시나 하며 두리번거렸더니, 그게 우리 집이었단다. 된장을 끓이다

불을 끈 줄 알고 겉절이 접시만 달랑 들고 내려간 것이었다. 그래도 할 말은 있어 냄새가 나면 나와 봐야지, 코도 없느냐고 되 큰소리치면서 웃고 말았다. 그 뒤부터는 내가 주방 일을 마치고 소파에 앉기만 하면, 남편과 아이들은 또 코도 없냐고 큰 소리 치지 말고 가스 불 껐나 보라며 놀려댄다.

또, 몇 년 전 유럽 여행 중에 알프스에 올랐다. 들고 간 가방을 눈밭에 내려놓고, 사진을 찍느라 이리저리 옮겨 다녔다. 그러다 눈밭에 놓은 가방은 까맣게 잊어버리고, 그냥 내려가고 있었다. 같이 간 후배가 깜짝 놀라며, 가방 어디에 놓고 왔냐고 하는 것이었다. 그때서야 나는 헐레벌떡 뒤돌아서서 가방을 찾으러 올라가고 있는데 뒤에서 깔깔거리는 소리가 들렸다. 건망증이 심한 나를 놀려 주려고 내 가방을 살짝 들고 온 것이었다.

그 뿐인가, 모임 하는 날을 달력에 커다랗게 동그라미를 쳐놓고는, 달력은 쳐다보지도 않은 채 미장원엘 갔다. 토요일밖에 시간이 나지 않으니까 약속이 없어 잘 됐다며 편안히 눈을 감고 앉아 내 머리를 미용사에게 맡겼다. 기다리는 동안 머리에 수건을 뒤집어 쓴 채 신문을 보고 있는데,

"야, 이 선, 뭐 하는 거야."

하는 소리가 들렸다. 깜짝 놀라 쳐다보니 만나기로 약속한 친구 둘이서 눈을 흡뜨며 들어오고 있었다. 유행성 출혈열로 사경을 헤

매고 난 뒤 건망증은 더욱 심해졌다. 너무 많이 아팠으니까 용서해 준다면서 나를 기다리다 점심 식사도 못했다고 야단 법석이었다. 집으로 연락을 해보니 미장원에 갔다 해서 찾아왔다는 것이었다. 어찌나 미안했던지 아무리 친한 친구지만, 나는 어쩔 줄을 모르며 저녁은 내가 사겠노라고 했다.

 시장에 가서 1,000원어치 물건을 사고 만원을 내고 그냥 오는 경우도 허다하다. 이것저것 시장 보아 온 것을 냉장고에 차곡차곡 넣어 놓고는 사온 것조차 잊고 먹지 않아서 유통기간을 넘겨 버릴 때도 많다. 또 조그만 소품 하나 찾기 위해 하루 종일 땀을 뻘뻘 흘리며 옷 호주머니마다 다 뒤지고, 핸드백마다 다 쏟아보고, 서랍마다 다 열어보다 지쳐버리는 일도 한두 번이 아니다.

 어쩌다 내가 이지경이 되었나. 한심스럽기도 하다. 기억력 하나 믿고 공책 정리하는 것을 싫어했던 학창 시절이 그립기도 하다. 언제나 기억을 잘 한다 해서 녹음기라 불리었던 때가 엊그제 같은데…. 건망증 때문에 애태우는 일이 너무 많다.

 "이러다가 혹 치매에 걸려서 당신조차 알아보지 못하면 어쩌지?" 하는 나에게. 남편은, 자기 얼굴을 알아보는 것 보니까 아직은 괜찮다며 웃었다.

 신체활동이나 두뇌의 활동을 꾸준히 하는 것이 가장 중요하다고 말한다. 이렇듯, 건망증은 나만의 일이 아니고 우리 주부들 전체의 증상인 것 같다. 만나기만 하면, 건망증으로 황당했던 이야기가 대화의 주제가 되기도 한다. 하지만 전문의들의 말을 빌리자면 중년 여성들에게 잠깐 나타나는 증상이니, 크게 염려하지 말고, 기억을 하도록 노력하고 메모하는 습관을 갖는 것이 중요하단다. 또 알맞은 운동을 하는 것이 좋다고 한다.

   영국의 주부들은 메모지가 필수란다. 충동구매를 하지 않고 꼭 필요한 물건만 구입하게 되고, 건망증에도 좋기 때문이란다. 이제 나도 하는 수 없이 메모지와 볼펜을 필수로 핸드백에 넣고 다닌다. 그리고 식탁 위나 책상 위에 메모지를 놓고, 쇼핑을 가거나 은행에 갈 때도 꼭 미리 메모를 한다. 진즉에 나의 모든 삶에 메모를 하고 그대로 실천을 했더라면, 지금쯤 나는 어느 자리에 앉아 있을까? 실없는 생각에 쓴웃음만 짓는다.

내 집 마련

 참 오래 된 이야기다. 70년대 초, 우리의 가장 큰 목표는 셋방살이를 면하고 내집을 마련하는 것이었다. 여러 형제이다 보니 부모님께서 집까지 사 주실 형편이 못 되었다. 그러니 스스로 집을 마련해야 하는데, 그 당시 물가 변동이 심해 전세가 해마다 올라 힘에 겨웠다. 1년 내내 주리며 적금을 넣으면 집세 올려 주기도 벅찼다.
 셋방살이 이리저리 옮겨 다니다가 결혼한 지 5년 만에 18평짜리 단독 주택을 마련했다. 지금 생각하면 초라하기 짝이 없는 집이었지만, 유행가 가사처럼 그림 같은 집이었다. 그 집이 어찌나 좋던지 퇴근 시간이면 발걸음이 날아갈 듯이 가벼웠다. 허나 그 기쁨도 잠시 여름 장마철이 되자 마당은 강으로 변하고 부엌엔 물이 가득 찼다. 방문턱까지 달랑달랑 물이 들어왔다. 어머니께서 그 날 하루 종일 부엌 아궁이의 물을 퍼내시느라 몸살이 나셨다. 마당엔 제철

만난 지렁이가 굼실거렸다. 해마다 홍수로 고생하는 모습을 방송이나 신문으로만 접했지 직접 내 집 마당에 물이 찬다는 것은 상상도 못했다.

돈에 맞추다 보니 그렇게 된 것이다. 원래 침수 지역이라 집값이 싼 것을 모르고 샀기 때문이다. 다음 여름을 생각하니 도저히 그대로 살 수가 없어 집을 내 놓았다. 그래도 임자는 또 있어 쉽게 팔렸다. 그러나 사는 사람에게 장마철이 되면 물이 찬다는 말을 차마 못했다. 양심에 걸렸지만 그 말을 하면 영영 집을 못 팔 테니 말이다. 해서 한 동안 장마철만 되면 그 집에 사는 사람들이 궁금하고 미안했다.

새로 마련한 집은 정 남향의 불란서식 집이었다. 그 당시 유행하던 건축 양식이다. 어머니께서는 '삼대를 적덕해야 남향집에 산다는데' 하시며 무척 좋아하셨다. 이제 이 집에서 평생 살아도 되겠다고 생각했다.

그러나 큰 아이가 중학교에 들어가 교육이 문제가 되었다. 고등학교 때나 대 도시로 옮기려 했는데 다른 아이들이 속속 전학 가는 것을 보니 마음이 불안했다. 하는 수 없이 맹모삼천지교 孟母三遷之敎를 떠올리며, 대전에서 제일 교통의 요지인 오류동에 자리한 S아파트로 옮겼다. 그 때만 해도 단독 주택의 값이 하루가 다르게 오르는 때라 투자 가치가 없어 아파트를 별로 선호하지 않았다. 그러나 맞벌이를 하다 보니 편한 쪽을 택하기로 했다. 교통이 편리해 아주 좋았다.

그런데 살다 보니 또 불편을 느꼈다. 집은 그대로 있는데 아이들이 자라고 살림살이가 늘어 비좁았다. 또 서재가 없어 늘 거실에서 책을 보는 남편에게 따로 쓸 수 있는 방 한 칸 마련해 주고 싶기도 했다. 헌데, 집을 팔고 새 아파트에 입주하는 시기가 맞지 않아 또 한 번 셋방살이를 해야만 했다. 다행히도 같은 아파트 옆 동으로 옮겼다. 그러다 보니 지금 사는 집은 열세 번째의 보금자리가 된다.

유목민처럼 열두 번씩이나 이사를 했던 일들이 주마등처럼 떠올랐다. 부엌이 없는 집에서 주인집과 함께 썼던 일, 한여름 둘째 아이의 산월이라 배가 동산 만 한데 집을 옮겨야 했던 일, 집을 잘 못 얻어 지붕이 새어 자다가 함지박에 빗물을 받았던 일, 마당이 강이 되어 구두를 들고 출근했던 일, 어느 해인가 일 년에 세 번씩이나 이사를 했던 일 등등.

그러나 그런 일들이 모두가 아름다운 추억이 되었다. 돌이켜 생각해 보니, 셋방살이를 청산하고 처음으로 집을 샀을 때가 가장 기뻤던 것 같다. 지금 사는 집에 비하면 오두막이지지만, 요즘처럼 부모님께서 마련해 준 집과 새 살림을 들여 놓고 신혼살림을 시작한 사람들은 도저히 느낄 수 없는 행복이다. 날짐승이나 들짐승도 제 집을 스스로 마련하는데, 하물며 사람이 제 집 마련하는 것을 부모님께 의탁하는 것은 한번 쯤 생각해 볼 일이다.

　수십 년을 집 평수 늘리기에 급급했던 것 같다. 이제 남편의 서재도 생겼다. 또 아들들이 따로 독립을 해서 조용히 글을 쓸 수 있는 방도 하나 마련됐다. 수영장에 다녀와 오이 몇 쪽 썰어 얼굴에 붙이고 거실에 누우니 아무 것도 부러울 것이 없다. 바람결에 정원의 천리향 꽃향기가 은은하게 집안을 감싸 안는다. 30℃를 웃도는 삼복더위에도 계절을 잃은 듯 바람이 살랑살랑 불어온다. 마치 어린 시절 고향의 원두막에 누워 있던 기분이다.

　누구나 자기가 가진 것에 만족할 때 부자가 되고 행복하다고 한다. 인생의 의미가 차나 비행기 별장 같은데 있는 것이 아니라 일이나 타인의 배려나 관계에 있다고 한다. 더 넓은 집을 갖고 싶어 한다면 그것은 지나친 욕심이다.

천사들의 손

　새 성전을 짓고 첫 미사를 드리는 날이다. 마침 성모승천 대축일이며 광복절이라 더욱 뜻 깊은 날이다.

　이른 새벽, 비가 온다는 예보가 있어 밖을 내다보니 아직 내리지 않는다. 주섬주섬 옷을 챙겨 입고 묵주를 손에 들고 문을 나섰다. 기도도 하고 걷기운동도 하기 위해서다. 동네를 한 바퀴 돌고 습관처럼 마지막으로 성당에 들렀다.

　그런데 주방에 환하게 불이 켜졌다. 살짝 들여다보니 여성분과 자매님들의 손놀림이 분주하다. 내쳐올 수가 없어 주방으로 들어갔다. 점심 때 먹을 국수육수를 준비하고 있다. 새벽바람보다 더 싱그러운 웃음으로 인사를 건넨다. 일찍 나오느라 엷은 화장을 한 자매도 있고 맨 얼굴로 급히 나온 분도 있다. 허나 겹겹이 화장품으로 분장을 한 사람보다 몇 배 아름다운 모습이다.

일에 익숙하지 않은 터라 엉거주춤하다가 무엇을 도울까 물었다. 눈치 빠른 자매가 별 할 일이 없다고 말한다. 발걸음이 떨어지지 않지만, 남편 밥이나 챙겨야겠다고 핑계를 대며 집으로 향했다. 돌아오는 길에 수고하는 그들에게 건강 축복을 주시라는 기도로 미안한 마음을 조금 덜어냈다.

남편과 둘이 먹는 밥도 짓기 싫어 가끔 투정을 하던 자신이 부끄럽다. 행사 때마다 그 많은 교우들이 먹을 식사 준비를 하면서도 늘 밝은 웃음으로 일하는 자매들의 손은 천사의 손이다. 그들인들 어찌 힘들지 않겠는가. 기쁜 마음으로 봉사하니 힘이 솟나 보다.

입맛이 없어 아침식사를 잘 하지 못하는 남편을 위해 깨죽을 끓이는데 노래하듯 흥얼흥얼 감사기도가 절로 나온다. 성당에서 먹는 음식이 늘 맛있는 것은 자매님들의 기도와 정성이 듬뿍 들어갔기 때문이리라. 해서 나도 오늘은 기도와 정성을 깨보다 더 많이 넣고 죽을 끓였더니, 더욱 고소하다. 비가 오신다더니 오늘 따라 유난히 빛나는 해님이 아침을 연다.

넷째 마당

지상의 낙원 천섬에서

지상의 낙원
천섬에서

아침 일찍부터 서둘러 관광버스를 타고 킹스턴으로 달렸다. 부자들의 호화별장이 그림처럼 모여 있는 천섬, 그 곳에는 한 평 남짓한 귀엽고 앙증스런 섬을 비롯해 1,000여 평이 되는 큰 섬까지 1,864개의 섬들이 세인트로렌스 강물 위에 여기저기 떠 있다. 그 섬들은 캐나다와 미국의 개인 소유이므로 21개의 섬만 캐나다 정부 소유로 되어 있어 '천섬국립공원'을 이루고 있다.

호텔에서 출발한 지 4시간이 되어서야 천섬 주차장에 도착했다. 길게 늘어선 도로 주변은 콩밭과 옥수수 밭이 초원을 이루어 온통 초록빛뿐이었다. 그것은 사람이 먹기도 하지만 대부분 가축의 사료로 쓰인다고 한다. 이곳에 비하면 우리나라 밭들은 손바닥만 하다고나 할까.

어제 나이아가라폭포 근처에서 걸게 먹은 랍스타가 이제야 다 내려갔는지 시장기가 돌았다. 세인트로렌스 강의 푸른 물결이 찰랑대는 강가의 멋스런 레스토랑으로 들어갔다. 이것저것 군침을 흘리다가 결국은 우리나라에서 즐겨 먹던 닭다리 고기와 여기 와서 못 먹으면 섭섭하다는 사우젼드 아일랜드 드레싱을 얹은 샐러드를 접시에 담았다. 드레싱에 담긴 전설처럼 입안에서 사랑이 사르르 녹아 내렸다.

식사 후에 기념으로 레스토랑 앞에서 사진도 한 장 찍었다. 부자 동네에 왔으니 귀족이 된 기분으로 포즈를 취하고 카메라 속으로 들어갔다. 그리고 모두 페리호에 승선했다. 한 시간 동안 대부호가 되어 에덴동산처럼 신비스런 섬들을 돌아보았다. 유람선이 도는 것이 아니라 강물 위에 동동 떠 있는 섬이 빙빙 돌아갔다. 마치 동화 속 요술 궁처럼 세워진 별장들이 머리를 어지럽혔다. 금방 요정들이 예쁜 옷을 입고 나비처럼 나풀나풀 춤을 추며 나올 것 같은 모습도 이색적이었다.

유람선을 타고 돌다 보니 해마다 장마철이면 물에 잠기는 우리나라의 강가 마을이 떠올랐다. 허나 이곳은 절대로 강물이 넘쳐 섬을 덮치는 일이 없다. 우기가 짧고 배수가 잘 되기 때문이다. 또 섬이 수면에서 1피트 이상 나와 있고 나무가 한 그루 이상 있어야 된다는 기준이 있다. 그 뿐이 아니라 이 올망졸망한 모든 섬의 수도와 전기 시설이 궁금했다. 혹여 우리나라 외딴 섬처럼 호롱불을 켜거나 지하수를 먹는지.

그러나 잘 사는 나라, 그 중에서도 대부호들이 모여 사는 곳이니 그럴 리가 없다. 모든 시설은 강바닥 밑으로 완벽하게 설치되어 있다. 또 오물은 주기적으로 배가 드나들며 실어 나른다. 이 곳 천섬에서는 배가 없으면 살 수 없다. 그래서 각 섬에는 차고 대신 보트 정박장이 꼭 있기 마련이다. 또 각 섬 한 쪽에는 빨간 통이 설치 돼 있어 집배원이 섬에 내리지 않고도 우편물을 배달 할 수 있다. 이런 점으로 미루어 볼 때 작은 섬이지만 얼마나 편리하게 되어 있는지 짐작이 된다.

이 아름다운 별장 중에는 전설을 안고 있는 것도 있다. 호텔업으로 부자가 된 볼트라는 사람이 사랑하는 부인을 위해 지은 중세풍의 별장이다. 섬 전체가 성으로 되어 있어 볼트 성이라 불린다. 그러나 그 부인은 별장이 완성되기 전에 심장마비로 세상을 떠났기에 중단이 되었다는 안타까운 사랑 이야기가 담겨 있다.

또 이곳에는 세계에서 가장 짧은 국경 다리도 있다. 물론 미국과 캐나다의 국경이다. 미국을 한 번 들어가려면 강대국의 자존심만큼이나 수속 절차가 까다로운데 이 다리로는 아무 간섭 없이 두 나라를 오갈 수 있다는 것이 흥미로웠다. 어린 시절 바깥마당가 개울의 돌다리 하나 건너서 큰댁에 갔던 일이 떠올랐다. 더 재미있는 것은 다리로 연결된 두 개의 섬이 한 사람의 소유라는 것이다. 그래서 집 주인은 캐나다에서 식사를 하고 미국으로 산책을 하러 가는 셈이란다.

또 아주 작은 섬에는 집을 지을 수가 없어 아담한 벤치와 파라솔만 있는 곳도 있었다. 유람선에서 내려 그곳에 한 번 앉아보고 싶었다. 동행한 남편은 이 모든 것을 놓칠세라 카메라에 담기 바빴다. 파란 유리를 깔아놓은 듯한 강물 위에 호화 유람선처럼 떠 있는 아름다운 섬, 그곳에 세워진 꿈속 같은 별장들. 몇 몇 별장에서는 여름휴가를 나온 가족들의 여유로운 모습이 보이기도 했다.

마당가에 낚싯대를 드리운 사람, 벤치에 길게 앉아 있는 사람, 별장 안팎을 오가는 아이들, 또 요트로 푸른 물살을 미끄러지듯 가르며 더위를 쫓는 사람들. 그 사람들의 모습에 꿈속인 듯 우리 가족들을 하나하나 겹쳐보았다. 마치 동화 속의 공주가 되어 잠꼬대를 하다가 꿈이 깨어 아쉬워 다시 눈을 감는 아이처럼 살며시 눈을 감아 보았다. 시원한 강바람은 꿈이 깨어날까봐 조심조심 뱃전에 내려앉았다.

허나 걱정과 근심 없는 세상이 어디 있으랴. 그 속에도 사람 사는 곳이라 걱정이 한두 가지쯤 서려 있겠건만 시야에 들어온 풍경은 평화 그 자체다. 부럽다기보다 '지구상에 이런 천국도 있구나.' 하는 생각을 하며 잠시라도 이 지상 낙원에 머물 수 있어 행복했다.

그래서 캐나다 인디언들은 이곳을 '조용한 영혼의 마당'이라 부르지 않았던가. 온갖 파란 것들이 온 몸으로 스며들어 내 옷자락을 쥐어짜면 푸른 물이 주르르 흐를 것만 같았다. 먼 길에 지친 몸이 세인트로렌스 강물에 풀려 눈동자는 더욱 빛을 발하며 호화별장에 꽂혔다. 한가로이 물살을 타는 갈매기는 신선이다. 유람선을 따라오는 하얀 파랑이 면사포처럼 펼쳐졌다.

 세상에 태어나 단 한 시간만이라도 이 지상 낙원에 초대해 주신 하느님께 감사드린다. 물과 나무와 여유가 넘치는 나라. 꿈속인 듯 돌아보던 Thousand Islands! 구름 한 점 없는 맑은 하늘만 세인트로렌스에 잠겨있다.

(2006.2)

쑥국

 날씨가 화창하다. 나가고 싶다. 아랫집 선배에게 동행을 청했으나 거절이다. 다른 모임이 있단다. 그럴 때마다 내 친구가 되어 주는 이는 당연 남편뿐이다.
 내 성화에 못 이긴 그는 하던 일을 미루고 집을 나섰다. 엊그제 내린 봄비로 모두가 상큼하게 단장을 했다. 묵은 가지의 먼지를 다 털고 살갗이 트이기 시작하는 나뭇가지에 생기가 돌았다. 앙상했던 산수유 가지에 노란꽃송이가 환하다. 개나리도 노란 꽃등을 달고 산길을 밝혔다. 여기 저기 봄 오는 소리로 산속은 온통 술렁였다.
 그는 돌아오는 길에 쑥을 뜯자고 했다. 집을 나설 때 혹시나 해서 비닐봉지와 과도를 준비해 갔다. 양지바른 언덕에 어린 쑥들이 고개를 내밀고 아직 차가운 봄바람에 오들오들 떨고 있었다. 난 별로 내키지 않았지만 가방 속에 넣어 온 칼을 꺼내 쑥을 뜯었다. 비탈진 언덕이라 뜯기가 어려운데 그이의 손놀림은 빨랐다. 이런 일을 싫어하는 것은 아픈 허리 때문이기도 하지만 내 천성이다. 세심하게 꼼지락거리는 것은 적성에 맞지 않는다. 그런 성격 때문에 씀씀이도 커 낭비가 심한 것도 나의 단점이다.

 조금 뜯다가 싫증이 난 나는 그만 집에 가자고 투정을 했다. 그이는 길가에 널려 있는 쑥을 다 캐고 싶은 모양이다. 난 비닐봉지만 들고 서성거렸다. 완전 뒤바뀐 셈이다. 그이가 가자고 조르고 내가 더 뜯자고 해야 정상이 아닐까.

 어린 시절이 떠올랐다. 봄이면 동네 아이들과 나물을 캐러 갔다. 다른 아이들은 쑥이며 냉이며 바구니에 가득 찼는데, 내 바구니는 밑바닥에 말라비틀어진 쑥 한 줌이 있을 뿐이었다. 그럴 때마다 옆집 순이는 나에게 자기가 뜯은 나물을 얹어주곤 했다. 다른 것은 뒤지기 싫어하면서 그런데는 도통 관심이 없었다.

 며칠 전에도 지인들의 모임이 있었다. 식당 앞 빈 터에 냉이가 가득했다. 그것을 본 두 사람은 잽싸게 식당에서 칼과 비닐봉지를 얻어 가지고 금세 한 봉지를 뜯었다. 나는 구경만 하고 있었다. 나의 성격을 잘 아는 친구는 뜯은 냉이를 내 가방에 쑤욱 밀어 넣어 주었다. 면목 없지만 언제나 주고 싶어 하는 그 마음을 받아 가지고 왔다.

 재빠른 그는 쑥을 제법 많이 뜯었다. 봄바람도 한 움큼 함께 담아서 집으로 돌아왔다. 국을 두 번은 끓여 먹을 수 있을 것 같다. 벌써부터 구수한 된장국 냄새에 군침이 돌았다. 허나 일거리가 남았다. 아무리 나보다 섬세한 것 같지만 묵은 잎이며 티끌까지 뜯어 담았기 때문에 이번에는 내가 할 차례다.

  둘 다 퇴직을 하고 집에 있으니 이런 여유도 누릴 수 있다. 주고받는 이야기가 없어도 편안한 벗, 걸음이 빠른 그는 언제나 나를 앞세우고 간다. 늘 뒤쳐지기 때문이다. 그러다가 오르막길이 나오면 내 등을 밀면서 가기도 한다. 늘 쫓기며 살던 날이 때로는 그립기도 하지만, 이렇게 자연인으로 사는 것도 새롭다. 쑥국처럼 구수한 여생을 꿈꾸며 쑥을 하나하나 정성껏 다듬어 쑥국을 끓였다.

여백

　해마다 겨울 방학이면 함께 떠나는 부부동반 여행길에 올랐다. 전국에서 일출을 가장 먼저 볼 수 있어 해맞이로 유명한 호미곶으로 해서 부산을 거쳐 통영, 그리고 시간이 되면 고성의 공룡박물관을 돌아보기로 했다. 여러 번 다녀온 곳도 있지만 관광보다는 일상을 벗어나 여유로운 시간을 즐기자는 데 의미를 두었다.

　하필이면 올 들어 가장 추운 날이라 염려가 되었지만 떠난다는 데에 들뜬 마음만은 훈훈했다. 차창 밖의 풍경은 맑은 햇살에 휘감겨 몽상에 빠진 듯 했다. 허나 첫 목적지인 호미곶에 내리자 딴 세상이었다. 청록색 바닷물은 일제히 함성을 지르며 우르르 달려들었다가는 물러서고, 물러섰다가는 다시 또 바위에 하얀 거품을 토악질하며 부서져 내렸다. 어찌나 바람이 세게 부는지 육중한 몸이 날아갈 것만 같았다. 귓불을 후리는 바람은 칼처럼 날을 세웠다.

해맞이 광장과 바다에 마주 선 '상생의 손'은 서로를 보듬어 안아 주라고 무언의 손짓을 했다.

독일의 철학자 괴테는 '목적지에 가고자 여행하는 것이 아니고 그저 가기 위해서 여행한다. 나는 여행을 위해서 여행한다. 중요한 것은 이동하는 것이다.' 라고 말했다. 우리는 모두 괴테가 되어 어디를 가든 상관 할 바 아니고 차에 오르자마자 밖의 경관에는 아무런 관심도 없이 눈을 감고 휴식을 취했다.

해거름에 문무대왕해중왕능이 있는 감포 해변에 다다랐다. 이순을 넘긴 그들이지만 옷자락을 휘감는 바닷바람도 마다하지 않고 자갈밭을 거닐었다. 찰싹찰싹 자르르 자갈을 굴리는 바닷물의 교향악에 잠시 귀 기울였다. 세차게 떼를 쓰던 해풍도 어찌할 수 없는지 머리끝부터 발끝까지 훑어 내리며 응석을 부렸다. 용이 되어 왜구의 침략을 막겠다던 문무왕의 혼령은 지금도 일본을 지켜보고 있는지 묵묵 말이 없었다.

한때는 신혼여행지로 각광을 받던 해운대에 첫날밤을 내려놓았다. 청국장과 고갈비로 배를 든든히 채우고 찾은 곳은 노래방이었다. 소중한 밤을 그대로 보내기에는 아쉬워서다. 누구의 목소리가 좋고 누구의 노래 박자가 안 맞든 상관할 바가 아니다. 꽁무니 빼고 앉아 있는 사람도 없다. 잘하든 못하든 하나가 되어 부부애가 돋보이던 해운대의 밤, 하늘의 별들도 유난히 반짝였다.

이튿날 아침 찾아간 동백섬, 오늘은 또 다른 모습으로 우리를 맞이했다. 잠잠해진 바닷물에 발을 담근 오륙도, 추위도 아랑곳하지 않고 붉게 단장한 동백꽃, 은사를 바다 가득 풀어 놓은 아침 햇살에 눈이 부셨다. 모든 근심 걱정은 해운대 바닷물에 헹구고 여유만만한 아침이다. 끊이지 않는 정담을 나누며 느릿느릿 걷는 해변에 우정은 곱게 무르익었다. 뺨을 스치는 찬바람마저도 다정한 시간, 모두 하회탈이라도 쓴 듯 입을 다물지 못했다. 망망대해를 굽어보며 뭇사람들의 소원을 귀 담아 듣고 있는 용궁사의 부처님도 우리를 감미로운 미소로 바라보았다.

부산만 돌아보아도 하루해가 짧다. 살아 숨 쉬는 자갈치 시장의 파닥이는 활어들, 바다를 달리는 광한대교, 부산의 상징이었던 영도다리, 용두산 공원, 태종대를 뒤로 하고 통영으로 향했다.

나폴리(호텔)에 여정을 풀었다. 창밖의 밤 풍광은 또 한 번 마음을 흔들었다. 어느 지인은 신혼여행 온 것 같다고 했다. 다음날, 돌아 볼 곳은 많으나 다 돌아볼 수 없어 통영의 수호산이라 불리는 미륵산 정상에 올랐다. 높이 오른 만큼 보인다 했던가. 정상에서 내려다보니 한려수도의 비경과 통영시가지가 한눈에 들어왔다. 캐나다의 천섬이 눈앞에 어른거렸다. 거기에 비하면 5분의 1 정도 밖에 안 되는 섬들이지만 아름다운 섬들의 모습이 찰찰 감겨왔다. 사랑하다가 까맣게 말라 죽어간다는 오랜 객주집에서 시인 백석이

만났다던 '천희'라는 여인을 떠올려 보기도 했다.

'친구를 알고자 하거든 사흘만 같이 여행을 떠나라.' 는 서양 속담이 있다. 2박 3일 간의 짧은 여행이었지만 가슴 뿌듯한 정을 듬뿍 담아가지고 돌아왔다. 일 년 내내 웃을 웃음을 사흘 동안 모두 웃어 버렸다. 웃음은 만병의 치료제라 했다. 팔팔 뛰는 활어회로 영양 보충하고 웃음으로 머릿속의 잡다한 고뇌를 모두 씻어 내고 보니 온몸이 거뜬했다. 새로운 것을 접하지 못 했어도 여유로운 시간을 공유했다는 자체만으로 좋은 여행이 되었다. 정해진 일정에 밀려 허둥대던 여행과는 또 다른 맛이 있었다. 여행지마다 어김없이 따라다니던 요통과 복통도 웃음에 놀라 달아나고 말았다.

이렇게 우리의 삶에 여백이 있다는 것은 하느님의 축복이다. 서로가 서로를 배려하며 돌아본 남해, 비릿한 바다 냄새가 옷깃을 파고들어 가슴을 촉촉이 적셨다.

> 당신의 재능은
> 사람들 머릿속에 기억되지만
> 당신의 배려와 인간적인 여백은
> 사람들 가슴속에 기억됩니다.
> 가슴으로 당신을 기억하는 사람은
> 모두 당신 편입니다.
>
> — 이철환의 「못난이 만두 이야기」 중에서

그렇다. 남을 배려하여 자신의 가슴을 내어 준다면 어떤 만남이든 따뜻하다. 듣기 거북한 농담에도 엇박자를 치지 않고 모두가 함께 웃고 즐기는 재치, 가슴에 추억을 새김질하는 좋은 친구들, 참 보기 좋았다. 이 좋은 날 함께 하지 못한 친구가 있어 좀 아쉬웠다. 벌써부터 다음 여행이 기다려진다. 앞으로 여생의 여백도 더 아름답게 채색되기를 바란다.

늦둥이

 부모의 나이 40이 넘어 태어나면 보통 늦둥이라 불린다. 지금은 결혼 연령이 높아지다 보니 40에 초산을 하는 사람도 많다. 옛 어른들은 자식은 20대에 나아서 길러야 산모와 아기 모두 건강하다고 했다.
 거실에 안스륩이란 화초가 있다. 그늘에서도 잘 자라고 잎은 우아한 여인의 치마폭이며, 꽃은 새빨간 립스틱을 바른 소녀의 입술이다. 기다란 꽃대가 요염하게 올라오면 간드러지게 웃어대는 빨간 꽃이 세 송이씩 피었다. 꽃이 지면 그 자리에 다시 같은 꽃을 피워 올렸다.
 그런데 그도 나이가 먹었나 보다. 한 2년 동안 눈을 즐겁게 하더니, 차츰 작은 꽃을 피우기 시작했다. 이번에는 아예 못난이 두 송이를 가냘픈 꽃대에 물고 겨우 목을 가누고 있다. 그나마 한 송이는 꽃잎이 나온 지 며칠이 지났는데도 더는 피울 수 없다는 듯 잎 끝을 말고 입을 다물고 있다. 노산으로 힘이 들었는지 어머니의 백발이 나오듯 무성했던 이파리 끝이 누렇게 변했다.

아침마다 그를 바라보면 어머니 생각이 난다. 어머니 연세 40에 내가 태어났다. 부모님과 언니들은 늦게 태어난 내가 너무 사랑스러워 방바닥에 눕히지도 않고 길렀단다. 또 동네 사람들에게 나를 자랑하고 싶어서 예쁜 옷을 만들어 입혀서 업고 동네를 돌아다녔다고 했다. 먹는 것도 좋은 것만 골라 먹였다고 했다. 어린 시절 아무도 마주 앉을 수 없는 아버지 밥상에 나만 겸상을 했던 생각이 난다. 아버지는 달걀찜을 내 밥 위에 얹어주시고, 고기와 생선을 발라 주시면서

"이거 이렇게 애지중지 길러서 나중에 시집가서 버릇없다는 말을 들으면 어쩔고?"

하시던 말씀이 어렴풋이 떠오르기도 한다. 지금도 제일 좋아하는 반찬은 달걀찜이다.

그럼에도 불구하고 언니들은 잔병치례를 하지 않고 잘 자랐는데 나는 그렇지 못했다. 위와 장이 약한지 어려서부터 소화가 잘 안되어 배탈이 잦았다. 그 뿐인가 성인이 되어서 사는 게 버거웠는지 잔병이라는 병은 다 나를 거쳐 지나갔다. 언니들은 가끔 내가 늦게 태어나서 그런가 보다고 하며 안타까워했다.

사람이나 동물, 식물조차 나이가 들어 생산을 하기는 어려운가 보다. 부모가 젊을 때 태어나야 산모도 건강하고 아이도 건강하다. 아무리 시대가 변하여 장수를 한다고 해도 생산의 때를 놓쳐서는 안 되겠다. 여성들이 사회진출을 하다 보니, 결혼이 늦어지고, 육아가 어려워 출산을 기피한다. 그에 따라 출산을 한다고 해도 산모가 3, 40을 넘어서 하게 되니 염려가 된다.

늦게 꽃을 피우기 힘겨워 누렇게 떠가는 화초가 안쓰러워 내 어머니를 어루만지듯 안스륨에 물을 주며 매만져 주었다. 어쩌면 마지막일지도 모르는 가냘픈 꽃을 바라보자니 가슴에 잔잔한 연민이 스민다. 앞으로 더 살기 좋은 대한민국에 건강한 부모 밑에 태어나는 아기들의 우렁찬 울음소리가 울려 퍼지기를 기대해본다.

관광의 도시 항주

하늘에는 천당이 있고 땅에는 항주와 소주가 있다는 말대로 부자가 많고 살기 좋은 곳이다. 온화하고 따뜻한 기후로 3모작을 한다. 또 우리의 보성녹차와 결연을 맺고 있는 용정차 재배로 높은 수익을 올린다. 보슬비 수준의 비가 연 중 220일 정도 내려 습기가 많은 지방이다. 날씨가 따듯해 난방이 필요 없어 지붕 위에 굴뚝이 없는 것이 특징이다. 또 옥상 옥탑방에는 조상의 위폐를 모시고 있는 것이 이색적이다.

그런데 여행할 때마다 동행하고 싶지 않은 친구가 또 따라나섰다. 따돌리려고 미리 준비를 했지만, 어느 틈에 따라왔는지 여기까지 와서 훼방을 놓는다. 잠자코 있다가도 장거리 여행만 가려면 앞장을 선다.

소주 관광을 마치고 항주로 향하는 길이었다. 갑자기 배가 슬슬 아프기 시작했다. 얼른 준비해 간 약을 입에 털어 넣었지만 소용이 없었다. 이마엔 식은 땀방울이 송송 맺히기 시작했다. 1시간 30분 정도 소요 된다니 아직도 30분은 더 가야 항주에 도착한다. 시계바늘이 멈춰 선 듯 30분은 3시간 보다 더 길었다. 잠간 화장실에 들렀다 갈 수 없는지 가이드에게 물었더니, 조금만 더 참으란다.

내 뱃속이 온통 뒤엉켜 엉망인 것을 그가 알 리 없다. 차안에서 실례를 할지도 모를 상황이다. 등줄기를 타고 내려오는 땀. 뒤틀리는 배. 드디어 목적지에 당도했다. 주차 하자마자 식당으로 뛰어 들어갔다. 화장실은 3층에 있단다. 주저앉을 것만 같은데 허겁지겁 계단을 올라갔다. 백두산이 이보다 더 높을까.

화장실에 가서 한참을 앉아 있는 동안 식탁에는 푸짐한 점심이 차려졌다. 눈만 풍년이지 먹을 수가 없었다. 모두가 시장한 터라 불고기를 상추쌈에 싸서 게걸스럽게 먹었다. 아예 먹지 말아야 하는데 통증이 좀 가라앉은 것 같아 된장에 밥을 몇 술 떴다.

그랬더니, 항주의 핵심 관광이라는 서호 유람선을 타기 위해 선착장으로 가는데 그는 또 요동을 쳤다. 남편만 동승을 하고 나는 가이드와 함께 화장실로 달려갔다. 먹은 것을 다 쏟아낸 뒤 타고 온 차를 되 타고 선착장으로 가서 서호를 돌아오는 동료들을 기다렸다.

지난여름 미국 워싱톤에서의 일이었다. 도심은 호텔 숙박비가 만만치 않아서인지 변두리로 갔다. 얼마나 오래 되었는지 엘리베이터는 덜컹거리고 복도는 금방 무너져 내릴 것 같았다. 부자 나라 미국에 와서 다른 곳에서 볼 수 없는 후진 곳에서 하루 묵게 되었다. 이튿날 아침 식사를 하러 갔더니, 짜디짠 햄 조각과 식빵, 우유도 없고 찬 주스뿐이었다. 어쩔 수 없이 식빵 한 쪽만 먹었다.

그리고는 빡빡한 일정에 강행군을 하고 보니 배가 몹시 고팠다. 점심 식사는 중국식 뷔페. 배고픈 김에 입에 맞는 것 몇 가지를 좀 과하게 먹었다. 게다가 후식으로 남편이 갖다 주는 아이스크림까지 받아먹었다.

아니나 다를까. 출발한 지 얼마 안 되어 그는 또 발광을 했다. 약을 먹고 손을 주무르고 참으려 안간힘을 썼지만 허사였다. 끝도 없이 펼쳐진 고속도로, 몇 시간을 달려야 목적지에 도착하는 것이 미국 아니던가. 다행이 관광버스 안에는 비행기처럼 화장실이 있었다.

그 날 밤 2, 30분 간격으로 통증이와 밤을 새웠다. 오래 전 외국 여행 갔다가 돌아가신 모 교장선생님 사모님 생각으로부터 별별 불길한 생각이 다 떠올라 뜬 눈으로 밤을 지새웠다. 겁이 난 나는, 새벽녘 가방을 모두 챙기고 잠에서 깬 남편에게 뉴욕 관광을 포기하고 돌아가자고 했다. 나 때문에 잠을 설쳐 벌겋게 충혈된 그의 눈은 근심이 가득했다.

허나 그것은 쉬운 일이 아니었다. 그렇다고 병원에 가면 모든 검사가 다 끝나기 전에는 퇴원도 못하는 곳이 미국이다. 다행이 아침부터 서서히 나아져서 계획했던 일정을 간신히 마치고 왔다. 너무 놀라고 사경을 헤맨지라 다시는 외국 여행을 가지 않겠다고 결심했는데 또 오게 되었다. 내 나라 내 땅이 얼마나 좋은가 하는 것을 다시 한 번 느꼈다.

반갑지 않은 친구 때문에 예까지 와서 서호 유람을 하지 못해 서운했다. 남편은 나를 위로하느라 캐나다 천섬 정도는 되어야지, 별것도 아니니 못 보았어도 아쉬울 것 없다고 했다.

서호는 항주의 젖줄인 전단강물을 끌어들여 만든 인공 호수라는 데 놀랐다. 중국의 4대 미녀 중 하나인 '서씨'의 아름다움에 비교할 만하다 하여 서호라 불렀단다. 안개가 끼었을 때나 달 밝은 밤, 또는 일출 때가 가장 아름답다고 했다.

차를 돌려 영은사로 향했다. 계속 칭얼대는 그 친구 때문에 대충 둘러보았다. 우리의 사찰과는 비교가 안 될 만큼 웅장하다. 대웅보전의 금색 석가모니상은 높이가 19.6m에 귀가 1.2m라니 그 불상이 얼마나 큰지 상상해 보라. 우리나라 아파트 높이와 비교한다면 약 6, 7층의 높이와 같은 셈이다. 또 500개의 불상이 모두 웃는 상인데 같은 모습은 하나도 없단다. 어떻게 만들었는지 놀랄 일이다. 영은사 맞은 편 비래봉에는 72개나 되는 환상적인 동굴과 330개가 넘는 석굴 조각상이 있다는데 시간이 없어 둘러보지 못해 아쉬웠다.

또 항주에 와서 지나칠 수 없는 것은 전단강을 지키고 있는 월륜산의 육화탑이다. 겉으로 보기에는 13층으로 보이나 들어가 보면 7층으로 되어 있단다. 이 탑은 매년 음력 8월 18일을 전후해 바닷물이 전단강으로 역류해 오는 것을 막아 달라는 기원으로 세운 것이다.

여기에도 전설이 걸려 있었다. 전단강 지역은 2모작 3모작으로 아주 풍요로운 지역이다. 이에 샘이 난 용왕이 나타나서 백성들을 괴롭혔다. 해서 화가난 육화라는 아이가 던진 큰 돌에 용왕이 머리를 맞아 죽었단다. 그 뒤로 홍수가 나지 않았다고 한다. 육화탑 한편에는 지금도 육화의 동상이 돌을 들고 서 있다. 육화탑 위에 걸친 붉은 해가 전단강의 물결을 한결 더 부드럽게 채색했다.

석식 후 중국의 상징인 송성가무 쇼를 관람했다. 쇼는 한 시간 동안 공연을 했다. 내용은 열흘 동안 계속되는 황제의 생일잔치, 북진의 침입에 대항한 전설적인 악비의 전투, 중국 로미오와 줄리엣 이야기, 동양 여러 나라의 민속춤이었다. 그 중에 무대에서 비가 내리는 장면이 신기했다. 항주 지방의 다습한 기후를 표현한 것이란다. 입체적으로 여기저기에서 배우들이 출현하는 모습에 모두 박수갈채를 보냈다. 중국 대륙만큼이나 웅장한 모습들에 감탄했다. 아쉬운 것은 우리의 민속춤 공연이 맨 마지막 부분이라는 것과 배경음악인 아리랑이 북한식 아리랑으로 일본사람의 목소리로 나와 씁

쓸했다.

주변에는 송나라의 옛 수도임을 알리듯 송나라 민속촌의 모습을 꾸며 놓았다. 저자거리에는 물건을 팔기도 하고, 말이나 낙타를 태워 주고 돈을 받기도 하는데 말과 낙타에서 풍기는 냄새가 코를 찔렀다. 또한 중국 전통 먹거리를 팔거나 옛날 궁중 음악을 연주 하는 사람들로 북새통이었다.

마르코 폴로가 세계에서 가장 뛰어나고 화려한 도시라고 말했다는 항주. '금강산도 식후경' 이란 말 대신 '항주 관광도 건강해야' 라고 바꾸고 싶은 날이었다.

(2007.2)

뿌리

며칠 전 시장에서 쪽파 한 묶음을 사왔다. 좀 이른 시간에 나갔더니, 껍질을 벗긴 것이 없었다. 채소장수 할머니는 뿌리가 있는 것이 더 오래 두고 먹을 수 있다며 내 의견과는 상관없이 검은 비닐봉지에 둘둘 말아 장바구니에 우구려 넣어 주었다. 하는 수 없이 받아 가지고 왔다.

한꺼번에 다 까려면 눈도 맵고 힘이 들어 필요한 만큼만 깠다. 나머지는 비닐봉지에 싸 냉장고에 보관했다. 잊고 지내다가 나물을 무치려니 그 쪽파 생각이 났다. 어쩌면 다 시들었거나 짓물렀을지도 모른다는 생각이 들었다. 헌데 이게 웬일인가! 금방 밭에서 뽑아온 듯 싱싱했다. 오히려 살 때보다 더 잎이 살아났다. 흙이 묻은 뿌리째 보관했기 때문이다. 그 뿌리가 냉장고 안에서도 제 역할을 한 것이다.

뿌리 없는 줄기나 열매는 생기를 잃기 마련이다. 허나 껍질 벗기는 일이 번거로워 다듬은 것을 손쉽게 산다. 그러면 며칠 안 돼 누렇게 변하기 때문에 바로 먹든가 아니면 냉동보관을 해야 한다. 대파는 좀 오래 가지만 이것은 쉽게 상한다.

나물을 무치다가 새삼 부모님 모습이 떠올랐다. 나의 뿌리 부모님이 있어 내가 존재하고, 나라는 줄기가 있어 자식이라는 열매가 있다. 뿌리가 튼튼한 집안의 자녀들은 모두 튼실하다. 요즈음 이슈가 되고 있는 학교 폭력은 열매들이 해충에 먹히는 현상과 다르지 않다. 자녀들이 하루 종일 어떻게 지내는지도 모른 채 돌아볼 틈도 없이 바쁜 일상의 산물이다. 놀라운 것은 옛날처럼 빈곤층 아이들이나 편부모를 둔 아이들만이 아니라는 것이다. 부모가 전문직에 종사하거나 부유층의 자녀들에게 문제가 더 있다는 통계다.

이것은 뿌리를 자른 가지가 흔들린다는 것의 증표다. 급속도로 변해온 핵가족 제도의 비극이다. 이 시대의 뿌리는 노인들이며, 가지는 중장년층이 아닌가. 노인들이 행복하고 중간 세대들이 행복할 때 아이들이 행복한 것이다. 아무 준비 없이 나이든 노인들의 빈곤과 외로움, 밤낮없이 경쟁을 해야만 살아남을 수 있는 중장년층, 그들의 관심에서 벗어난 아이들 모두가 빗나가고 있는 것이다.

평균 수명 82세, 즉 100세 시대에 진입중이다. 무조건 내리사랑이라는 명목으로 자녀에게 다 줘 버리고 빈손이 된 노년은 어쩌면 죽음보다 더 서글픈 일이다. 무능한 부모는 지고가기 힘든 짐이 되고, 자녀에 대한 대책 없는 사랑은 아이들을 문제아로 내몰고 있다. 자나 깨나 공부, 모든 것은 돈으로만 해결하려는 심사가 빚어낸 현상이다. 서로 이마를 맞대고 담소를 나눌 여유도 없이 앞만 보고 내달리다 돌부리에 걸려 넘어지는 격이다.

뿌리는 뿌리대로 줄기는 줄기대로 열매는 열매대로 자유를 따르다 보니 모두가 시들어가고 있다. 이제라도 놓아버린 뿌리를 되찾는 것은 어떨까. 부모가 채워주지 못한 공백을 조부모가 대신하며 서로가 버팀목이 된다면 아이들은 이 쪽파처럼 제 몫을 다 해내리라. 쪽파를 송송 썰어 넣고 무친 봄나물에서 삼대가 어우러진 싱그러운 향이 입안 가득하다.

그리움이 쌓여서

그리움이란 무엇일까? 사전적 의미로는 '보고 싶어 하거나 사모하다.'라는 뜻을 지니고 있다. 보이지 않는 대상을 끈끈한 정 때문에 애틋하게 기다리는 마음이다.

다섯 살 된 손자를 데려다 놓았다. 아들 내외가 맞벌인 데다가 동생이 생겼기 때문이다. 어찌나 샘이 많은지 제 어미가 동생 돌보는 것을 보지 못하고 질투를 한다. 때로는 어미를 차지하기 위해 갑자기 동생을 밀치거나 때려서 가슴이 철렁하기도 한다. 동생을 본 아이의 질투는 씨앗을 본 본부인 시샘의 열 배가 된다고 한다. 그러니 제 나름대로 얼마나 많은 스트레스를 받을까. 샘 부리는 녀석만 번번이 꾸중 할 수도 없는 일이다.

그래서 한 동안 떼어서 기르는 것이 나을 것 같았다. 처음에는 할아버지가 좋다고 제 어미 아비가 집으로 가도 섭섭해 하지 않았다.

오히려 덤덤한 아이를 보고 어미가 더 섭섭해 했다. 그러나 한 달쯤 지나서부터 사정이 달라졌다. 집으로 데려다 달라는 둥, 엄마를 오라고 하라는 둥 생트집을 잡기 시작했다. 할머니는 나쁜 할머니라며 말도 하지 말고, 옆에도 오지 말고, 제 몸에 손도 대지 말란다. 살살 달래며 접근해 보지만 실패하는 날이 더 많다.

그럴 때마다 아이는 목 놓아 울기 시작한다. 낮에는 유치원에 가거나 나들이를 하니까 그런 대로 지난다. 해질 무렵이면 아마도 허전한 마음에 그리움만 차오르는 모양이다. 게다가 할아버지까지 출타 중이면 더 외로움을 탄다. 그도 그럴 것이 할아버지를 더 좋아하는데 텅 빈 집에 할머니만 덩그러니 있으니 좋을 리 만무하다. 온갖 달콤한 말과 먹을 것, 장난감을 총 동원하여 마음을 돌려보려 하지만 허사다. 저녁밥도 할아버지가 와야 먹고, 목욕도 할아버지가 해 줘야 한다고 막무가내 떼를 쓴다. 그러다가 돌아오지 않는 할아버지에게 전화를 해 달라고 다그친다. 전화 통화를 하고도 성이 안 풀리면 할아버지를 찾으러 가자고 조른다. 밤바람은 아이의 시린 가슴팍을 더욱 시리게 쌩쌩 파고드는데, 옷도 안 입고 잠옷 바람으로 현관을 나선다.

진땀으로 온몸이 젖는다. 눈물 콧물 범벅이 된 아이를 간신히 포대기에 싸서 등에 업고 나가 승용차에 태운다. 할아버지를 찾으러 간다고 동네를 몇 바퀴 돌다 보면 스르르 잠이 들곤 한다. 잠들어 있는 아이 얼굴에 녀석의 아비 모습이 겹쳐져 가슴이 메어온다. 나 역시 출근하느라 친정어머니께 아이들을 맡겨놓았다. 그 애를 돌보면서 애간장을 저미듯 마음 아파하셨을 어머니. 얼마나 힘드셨을까. 녀석은 나에게 잊고 사는 어머니의 은혜를 일깨워 준다.

엄마 집으로 가겠다고 끝까지 버팅기지 않아 참 다행이다. 멀어서 갈 수 없음을 내심 알고 있는 모양이다. 허한 마음을 이렇게 울어서라도 풀어야 하는가보다. 때로는 한참을 목 놓아 울어대다 지쳤는지 아니면 울어야 소용없음을 알았는지 스스로 울음을 그치기도 한다.

"그렇게 울고 나니 속이 시원하냐?"
하고 물으면, 서슴없이
"응."
하고 대답한다. 제 딴에 어미의 사랑을 채우지 못한 빈 가슴에 날마다 그리움만 차곡차곡 쌓여 더는 쌓을 수 없이 벅차 쏟아내는 모양이다. '울어서 속이 풀린다면 실컷 울어 보렴.' 아이를 품에 꼬옥 안아 본다. 참 따뜻하다.

지난 팔월 열엿새 날이었다. 새벽 운동을 나갔다. 밤샘을 한 보름달은 어머니가 비춰 주시던 등불처럼 희미하게 길을 밝히고 있었다. 내 뒤를 따라오다가 서둘러 앞질러 가기도 하는 보름달 속에 어머니가 계셨다. 갑자기 울컥 쏟아지는 눈물을 걷잡을 수가 없었다. 아무도 보는 이 없으니 마음 놓고 울었다. 찬이 녀석처럼 목 놓아 소리치며 어머니를 부르고 싶었지만, 가슴 속으로 외칠 뿐 숨죽이며 아파트 주변을 돌고 돌았다. 처음엔 울음이 북받쳐 가슴이 터질 것만 같더니, 눈물을 쏟아내고 나니 속이 후련했다.

 달도 내 마음을 알아차렸는지 산 너머로 뒷걸음질치고 동녘하늘이 훤해지기 시작했다. 이순을 목전에 둔 내가 그럴진데 하물며 제 부모와 떨어져 있는 다섯 살 찬이의 가슴 속에는 얼마나 많은 그리움이 쌓여 있을까. 여린 가슴에 상처가 나지 않을까 걱정이 된다. 그래도 울고 나면 언제 그랬느냐는 듯 소나기가 지나고 펼쳐지는 무지개처럼 찬이의 얼굴은 늘 환하다.

 그리움이 쌓이고 쌓여 가슴에 차 넘치는 것이 바로 눈물이다. 우리가 스트레스를 받으면 '카테콜라민'이라는 호르몬이 생성된다. 이것은 만성 위염이나 심근 경색 등 여러 가지 병을 불러온다. 이런 호르몬을 씻어 주는 것이 눈물이다. 스트레스를 풀어 주고 소화기, 심폐 기능을 훼손하는 독소를 없애 주는 것도 눈물의 역할이다. 그래서 아이가 울 때 억지로 달랠 필요는 없다고 한다.

 영국의 정신과 의사인 '헨리 모슬리'는 눈물을 '신이 인간에게 준 치유의 물'이라고 했다. 그의 연구 결과에 의하면 잘 우는 사람은 삶에 긍정적이고 건강하다고 한다. 슬플 때 울지 않으면 다른 장기가 운다고 한다. 남자는 그리움이 쌓이고 슬픔이 고여도 눈물로 토해내지 못해 잘 우는 여성보다 단명하다고도 한다.

하지만 울다가 잠든 아이를 보고 있노라면 가슴이 아리다. 그 아이 뿐만 아니라 요즘 아이들은 대부분 태어나면서부터 그리움을 가슴에 담고 산다. 여성의 사회 진출이 일반화 되면서 아이들은 일찍부터 가슴앓이를 한다. 아무쪼록 아픈 마음은 눈물로 씻어내고 튼튼하게 자라기를 바란다. 새근새근 잠든 얼굴이 평화롭다.

가시

　며칠 전 옛 동료들과의 모임이 있었다. 나이가 나이인 만큼 주로 대화가 건강에 관한 이야기다. 한 선배가 나를 보며, '어디 저 얼굴 좀 봐. 환자라고 할 수 있나. 열 살은 내려도 되겠네.' 라고 농담을 해 한바탕 웃는 찰나에, 한 친구는 '나는 아파도 말 안 하고 참지만, 조금만 아프면 병원에 가니까 늘 아픈 것 같지. 외국여행도 잘 다니면서 말이야. 호강에 지쳐서 그런 거야.' 라고 말을 되받았다.

　순간 나는 할 말을 잃고 그냥 웃어넘겼다. 그는 평소에 말이 없고 진지해 농담을 잘 하지 않는다. 모임이 끝나고 집에 돌아왔는데, 그의 말이 자꾸 귀에 걸렸다. 마치 내가 엄살쟁이가 된 기분이 들었다.

　오래전 그와 함께 근무할 때였다. 들쥐가 옮긴다는 쯔쯔가무시와 유행성 출혈열을 연거푸 앓아 나는 사선을 넘나들었다. 그 여파로 면역력이 떨어져 여러 가지 잔병치레가 끊이지 않았다. 해서 한창 나이인 사오십 대에 병원을 내 집처럼 들락거렸다. 그 후 싫어하던 운동을 이것저것 열심히 하다 보니, 나이 들면서 오히려 더 건강한 셈이다.

한참 일할 때에 건강이 좋지 않아 주변 사람들이 무심코 던진 말에도 상처를 많이 받았다. 직장에서나 가정에서나 가장 힘들었던 때다. 되돌아보고 싶지 않은 나의 사십대는 끝이 보이지 않는 긴 터널을 지나듯 암흑의 시절이었다.

지인의 말 한 마디에 그 때의 일이 악몽처럼 떠올랐다. 육체적으로 아팠던 것은 차츰 치유가 되어 가는데, 무심코 던진 말에 입은 상처는 고질병처럼 가끔 되살아난다. 그녀도 물론 나쁜 감정으로 한 말은 아니다. 농담인 줄 알면서도 그 말에 꼬리를 물고 오래전 일들이 연상되었다.

어쩌면 나도 그의 마음에 지울 수 없는 상처를 입혔는지 모른다. 그래서 창조주는 사람의 혀를 어디에 붙여 놓아야 할지 가장 큰 고민이었단다. 결국 입안에 깊숙이 넣어 놓고 단단한 이로 담을 쌓은 다음 입술로 마무리했다는 유머도 있지 않은가.

말 속의 가시는 보이지 않는다. 뾰족한 가시가 숨겨져 있는 줄도 모르고 함부로 말을 해 서로를 아프게 찌른다. 말 한 마디에 사람의 생사가 달려 있고 수십 년 쌓아온 상아탑이 한 순간에 무너지는 일이 비일비재하지 않은가.

 '말을 많이 하면 필요 없는 말이 많이 나온다. 양 귀로 많이 들으며, 입은 세 번 생각하고 열라.' 하신 김수경 추기경님의 인생 덕목 중 말에 대한 말씀이 생각난다. 수많은 내 말의 가시가 지금 이 순간에도 누구의 가슴을 아프게 하는지 입술을 지그시 물어본다.

가을의 길목에서

 가을이란 말만 들어도 가슴 설렌다. 내려다보이는 세상은 참으로 아름답다. 모든 것들이 열매를 맺는 계절. 햇볕은 그래서 여름 내내 몸살을 앓았나 보다.
 베란다에 가득찬 햇살에 등을 대고, 엊그제 준(둘째 아들)이와 유성 장에 들러 사온 고추를 뒤적였다. 해말갛게 속살을 비치며 바스락거리는 고추 속에 고향집이 어른거렸다. 첫서리가 내리기 전에 빨리 따야 한다며 일손이 부족한 날엔 어머니께서 직접 바구니를 들고 고추밭으로 향하셨다. 발갛게 익은 홍시가 침을 삼키는 감나무 밑에서 해 지는 줄도 모르고 소꿉놀이를 하다보면, 가을 해는 뒷산을 곱게 물들였다. 그 무렵에야 어머니는 큰 대바구니에 붉은 고추와 함께 석양도 이고 오셨다.
 또한 마당가엔 대추나무 가지가 무게를 견디지 못해 어깨를 축

늘어뜨렸다. 먹으면 예뻐진다는 대추를 아득아득 씹는 맛이란 이루 말할 수 없었다. 바깥마당엔 볏가리가 수북이 쌓이고, 탈곡기 돌아가는 소리가 요란했다. 부지깽이도 일어선다는 바쁜 가을, 아마 이 가을도 고향에서는 그렇겠지.

그런데 이상한 것은 이처럼 풍성한 계절인데도, 왠지 쓸쓸하고 허전하여 사춘기 소녀처럼 어디론지 떠나고 싶은 나. 자연에 사계절이 있듯이, 우리 인생에도 계절이 있는 것 같다. 환상과 공상에 젖어 가슴 부풀던 10, 20대가 봄이라면, 이상에 가득 차 앞만 보고 뛰던 3, 40대는 녹음 짙은 여름. 걸어온 길을 돌이켜 보며 허전해지는 5, 60대는 가을, 그 뒤에는 겨울이 오겠지. 나는 지금 가을의 길목에서 서성인다. 그 동안 삶에 묻어버린 채 지나 온 나의 꿈을 찾아야 될 것만 같다. 그게 뭘까?

되돌아보니, 나의 봄과 여름은 무엇을 위해 그렇게 앞만 보고 뛰어 왔는지 모르겠다. 그래서 얻은 것은 무엇인가. 허우적거리며 찾아보았지만 그것은 결국, 항상 날고 싶어 했던 내 양쪽 날개를 무거운 짐처럼 눌렀던 두 아들과 남편이다. 꿈 많은 소녀 시절 펼치지 못했던 꿈을 찾아, 때로는 훨훨 날아가고 싶기도 했지만, 늘 내 앞에 탁 버티고 서 있는 가족들을 바라보며 날개를 접어야만 했다.

바쁘다는 핑계로 잘 돌보아 주지 않았어도, 무슨 일이든지 스스로 찾아하는 믿음직한 첫째. 졸업과 동시에 취업까지 해서 기쁨을 안겨 주었다. 언제나 밝고 명랑하여 사랑스럽고 훤칠한 키에 미남 (?)인 둘째. 3년 동안 건강하게 군복무 마치고 돌아와, 열심히 복학 준비를 하고 있는 모습이 흐뭇하다. 대단한 자리는 아니지만, 그렇게도 애타게 기다리던 승진 소식을 나에게 안겨준 남편. 아직은 건강하게 자기 맡은 일을 열심히 하고 있어 가슴 부듯하다. 가정이라는 둥지에 차분히 남아 있도록 잡아 주었던 그들이 곧 나의 결실이 아닌가.

이만하면 더 바랄 것이 없겠지만, 어딘지 모르게 텅 비어 있는 듯한 자신을 되돌아보고 싶다. 누구의 아내, 누구의 엄마로서가 아닌 나 스스로 간직할 수 있는 열매를 하나 더 맺고 싶다. 날개도 돋기 전에 날고자 파닥이는 한 마리 새가 된다. 지나친 욕심일까. 나무들은 스스로 옷을 벗어 던진다. 그래서 새 봄의 부활을 꿈꾼다. 이제라도 나무처럼 훨훨 옷을 벗어 던지고 나서고 싶다. 목이 마르다. 욕망의 갈증이 타오른다.

다시 책상을 정리하고 바인더 북을 펼쳐 보았다. 시라고, 수필이라고 쓰고 싶어 못 견딜 때 적어 놓은 것들이 나를 보고 웃었다. 너무 유치했다. 그때는 정말 감정에 북 바쳐 또는 잊고 싶지 않아 열심히 썼는데, 별로 마음에 들지 않았다. 그래도 지나온 날들을 되돌아 볼 수 있어서 기뻤다.

참고서적을 찾기 위해 서점으로 달려갔다. 이것저것 뒤적이다 '창작 수필'이라는 계간지를 만나게 되었다. 더욱 반가운 것은 신문 광고였다. 수필을 제대로 쓰고 싶어 이곳저곳 기웃거려 보았지만, 들을만한 강좌가 없어 안타까웠다. 그러던 차에 여의도 동아일보 문화센터에서 가을 학기에 좋은 강좌가 있다는 소식을 알게 되었다. 금방 보물이라도 찾아낸 듯 가슴은 뛰었고 희망이 솟아올랐다. 처음엔 좀 거리가 멀다 싶어 망설였지만, 이것이야말로 좋은 기회가 아닌가 싶어 은행으로 달려갔다. 온라인으로 수강 신청을 하고 나니 마음이 후련했다.

10월 5일, 처음 여의도를 향해 열차에 오르는 순간, 나는 대단한 유학이라도 가는 것처럼 착각을 했다. 창밖에 보이는 모든 것들은 다 아름다웠다. 바람결에 나뒹구는 형형색색의 단풍잎들, 흐드러지게 피어있는 삼색의 코스모스, 사각사각 울어대는 억새, 황금물결을 출렁이는 고개 숙인 벼이삭들….

얼마나 잘한 일인가. 처음 강의실에 들어가면서, 혹여 기대에 어긋나는 강의면 어쩌나 우려도 했다. 하지만, 강의는 물론 이곳에 오신 모든 분들에게 놀랐다. 여기까지 오는 것은 좀 늦지 않았나 하며 망설였는데, 고희를 넘기신 K선생님, Z선생님을 비롯해 회갑을 지낸 선배님들이 많이 계셔서 위안이 되었다.

이제는 목요일이면 경부선 상행 열차를 탄다. 시작이 반이라 했으니 남은 반을 위해 꼬박꼬박 목요일을 기다리런다. 하늘이 너무 깊다. 금방이라도 푸른 물이 뚝뚝 떨어질 것만 같이 푸르다. 한 권의 책이라도 더 읽고, 한 구절의 문구라도 더 쓰고 다듬어, 활활 불을 지피듯 익어 가는 가을처럼 멋스러운 여인으로 다시 나야겠다. 그래서 석양과 함께 이고 오신 어머니의 고추바구니처럼 곱고 풍성해져야지. 강의가 끝나면 오후 4시, 또 다시 돌아가야 할 길은 발을 재촉하고, 부듯한 마음은 영등포역으로 내달렸다. 숨 가쁘게 달려가는 차창 밖으로 붉게 펼쳐진 노을이 유난히 황홀했다.

불청객

　수필 강의를 들으러 여의도에 가는 날엔 으레 평택에 혼자 있는 아들에게 들른다. 그런데 이번에는 아들이 들르지 말라는 전갈이다. 이유는 제가 근무하는 학교로 신규 발령을 받은 선생이 집을 구하지 못해 저와 함께 있게 되었다는 것이다.
　나는 잘 했다고 하지 않고,
　"왜?"
하고 못마땅한 말로 되물었다.
　"왜는 왜요. 방을 구하지 못했다니까요."
아들도 조금은 퉁명스런 대답이다. 내가 반가워하지 않는데 대한 불만이리라. 혼자도 잘 있지만 내가 가보지 않으면 집안 정리정돈도 잘 안 되고 먹는 것도 어설프라는 기우로 가지 못함이 못내 아쉬웠다.

큰아들은 학교 다닐 때부터 친구들을 집으로 잘 데리고 왔다. 너무 자주 데리고 오니까 때로는 부담스럽기도 했다. 아침 일찍 출근을 하려면 식구들 밥 챙기기도 바쁜데 친구들까지 있는 날에는 새벽부터 진땀을 흘려야 했다.

어느 날이었다. 식구들의 아침만 준비해 놓고 출근하기 전에 아들 방을 열어 보았다. 깜짝 놀라 넘어질 뻔했다. 친구 좀 어지간히 데리고 다니라 했더니, 우리가 잠든 새 도둑고양이들처럼 몰래 숨어 들어왔다. 신발을 몽땅 감추어 놓고 다리가 가로세로로 서로 엉키어 대여섯 명의 친구들과 자고 있었다.

아들은 아마 내가 방문을 열어보지 않고 출근하기를 내심 바랐나보다. 가끔은 식탁 위에 메모만 남기고 가기도 하기 때문이다. 그러나 그 날은 전날 너무 피곤해 일찍 잠이 들어 아들이 오는 것을 몰랐기 때문에 궁금해서 열어 보았던 것이다. 당황한 나는 메모지에 알아서 식사 해결하라는 말만 덧붙여 놓고 출근을 했다.

그 뿐이 아니다. 학교를 졸업하고 교생 실습을 갈 때였다. 그 때도 친한 친구가 승용차가 없어 불편하다는 이유로 우리 집으로 아예 짐을 싸들고 왔다. 불편하기는 하지만 버스로 다닐 수 있는 거리였다. 하는 수 없이 두 달 동안 아들 하나를 더 돌보아야 했다. 아침 6시 40분이면 집을 나서야 하고 저녁땐 녹초가 되어 들어오는 나에게는 쉬운 일이 아니었다.

그 외에도 함께 과제 해결을 해야 할 일이 있거나 모일 장소가 만만치 않을 때는 우리 집으로 우르르 몰려온다. 때로는 방안 가득한 그들을 보면 부자가 된 듯 매우 흐뭇하기도 하다. 또한 친구들과 잘 어울리고 인기가 있는 아들이 기특하기도 하다. 남편은

"당신이 좀 힘들어도 저 애들이 나중에 다 우리 죽으면 찾아올 놈들이야."

하며 아들 친구들을 좋아한다.

기차가 평택역에 당도할 무렵, '아니야, 내가 가봐야 해.' 하는 생각이 번뜩 나 기차에서 내렸다. 아들집으로 가는 도중 전화를 했다. 야간학습지도가 있는 날이라 10시에 퇴근을 한다며 부담스러운 대답이었다. 마중 나오지 않아도 되니 걱정 말라 하고 시내버스를 타고 갔다.

늦은 밤 벨이 울렸다. 문을 열어 주니 훤칠한 아들 뒤에 몸을 조아리며 인사를 하는 동료 X가 뒤따라 들어 왔다. '얼마나 피곤할까?' 하는 안쓰러운 마음에 과일과 떡을 내놓고 마주 앉았다. X는 어깨를 자꾸 움츠리는 듯 불편해 보였다.

편하게 생각하라는 말을 한 뒤 어머니는 무슨 일을 하시냐고 물었더니,

"일이랄 것도 없고 화단 같은데서 꽃모도 나르고 그러세요."

라며 말끝을 흐렸다. 아들의 뒷바라지를 위해 지금까지 헌신해 온

어머니의 모습이 떠오르는 순간 괜한 질문을 했다는 후회가 되었다.

상전이 배부르면 하인이 굶주리는 것을 모른다는 옛 속담이 떠올랐다. 요즈음에 돈만 주면 얼마든지 숙소를 구할 수 있는데 왜 신세를 지나 하는 생각을 잠시나마 한 일이 너무 미안했다. 언젠가는 내 아들이 다른 사람에게 신세질 날이 있을지 모르는 일이다. 집이란 내가 머무는 동안 내 것이지 다른 사람이 머물면 그 사람의 집이 된다. 따지고 보면 우리 모두가 불청객인 셈이다.

늘 기도 중에 '내 아이들이 너무 많이 가져 거만하게 하지 마시고, 너무 없어서 남에게 기대지 않게 하시고, 서로 나누며 살게 하십시오.' 라는 기도를 한다. 그런데 잠시 나는 나의 기도도 잊은 채 그까짓 며칠 동안 함께 지내겠다고 하는데 불편하다는 옹졸한 생각을 했다.

어린 시절 사랑방이 생각난다. 사람 사는 집에는 사람이 끓어야지 발길이 끊기면 안 된다는 아버지의 생활 철학이 담긴 곳이다. 5, 60년대 6·25 전쟁 이후 우리나라는 너나 할 것 없이 굶주리고 있었다. 아버지께서는 늘 사람들을 사랑에 불러 식사 대접을 하고 때에 따라서는 일자리도 구해 주셨다. 그래서 우리 집 사랑방은 매일 북적거렸다.

그 뿐이 아니었다. 우리 동네를 찾는 보따리장수며 방물장수, 거지들은 모두 우리 집에 모였다. 동네 사람들은 아예 밥 줄 일이 생기면 꼭대기 집 할아버지 댁으로 가라고 안내까지 했다. 피는 못 속인다드니 아들도 외할아버지의 손자라 할 수 없나보다. 그런 것을 보고자란 덕분에 아들 못지않게 나도 친구들을 집에 잘 부르는 편이다.

고생을 함께 한 아내는 집에서 내쫓을 수 없고, 가난할 때 사귄 친구는 잊을 수 없다.(糟糠之妻는 不下堂이요, 貧賤之交는 不可忘이니라)라는 글귀가 떠오른다. 차츰 밀폐되어 가는 요즘 세상에 생면부지生面不知인 동료를 위해 숙소를 제공한 현대판 사랑방 주인인 아들에게서 한 수 배워야겠다.

불청객이라 생각했지만 나를 다시 한 번 뒤돌아 볼 수 있게 해준 X선생에게 감사한다. 또한 불편을 감수하며 동료를 배려해 줄줄 아는 아들이 대견스럽기도 하다. 나란히 출근을 하는 두 젊은이가 무척 든든해 보인다.

애꾸눈 왕의 초상화

옛날 이집트에 애꾸눈 왕이 있었다. 왕은 유명한 화가들을 불러 자기의 초상화를 그리게 했다. 화가들은 제 나름대로 최선을 다해 왕의 초상화를 그렸다. 그 중에서 한 사람은 애꾸눈을 정상인 눈으로 그렸고, 한 사람은 애꾸눈을 그대로 그렸다. 또 한 사람은 왕의 옆모습을 그렸다.

왕은 자기의 초상화를 보았다. 왕은 어떤 초상화를 좋아했을까? 물론 첫 번째와 두 번째는 모두 싫어했다. 그런데 세 번째 그림을 보고 화가에게 어째서 옆모습을 그렸는지 물었다.

그 화가는

"임금님의 가장 아름다운 모습은 미소 띤 옆모습입니다."

하고 대답했다. 왕은 그 초상화가 가장 잘 그렸다고 칭찬을 하며 선택했다.

누구든지 자기의 상처를 드러내는 것을 좋아할 사람은 아무도 없다 그렇다고 사실이 아닌 것을 사실인 양 표현하는 것은 더더욱 기분을 상하게 할 수 있다. 그러나 세 번째 화가는 있는 그대로 나타내면서도 가장 좋은 면만 표현을 했기에 선택된 것이다.

이렇게 같은 사람을 놓고도 그 사람의 가장 아름다운 면을 볼 수 있는 눈을 가진 사람이 있는가 하면, 진실대로 보지 못하거나 가장 나쁜 면만을 보는 눈을 가진 사람이 있다.

우리가 인간관계를 잘 맺는 것도 상대방의 어떤 면을 보느냐에 따라 좌우 된다. 늘 함께 사는 가족끼리도 단점만을 보고 상대를 비방한다면 그 가정은 화목할 수 없다. 친구 사이도 마찬가지다. 친구의 좋은 점을 보고 칭찬하고 서로 격려해 주면 오랜 동안 우정을 간직할 수 있지만, 친구를 헐뜯거나 상처난 마음을 건드리면 오래 갈 수 없다.

나 자신은 어떤 눈을 가지고 있을까? 모두가 세 번째 화가처럼 서로의 장점을 바라보는 눈을 가지고 산다면 이 아름다운 세상이 더욱 살맛나는 세상이 되리라 믿는다.

이선 수필집

사십년 만에 떠난 여행

ⓒ이 선, 2021

발 행 일	1판 1쇄 2021년 6월 23일

지 은 이	이 선
발 행 인	이영옥
편 집	김보영

펴 낸 곳	도서출판 이든북
출판등록	제2001-000003호
주 소	대전광역시 동구 태전로 30 광진빌딩 2F
전화번호	(042)222-2536
팩시밀리	(042)222-2530
전자우편	eden-book@daum.net

ISBN 979-11-6701-043-8 03810
값 12,000 원

* 잘못된 책은 바꾸어 드립니다.
* 이 책 내용의 일부 또는 전부를 재사용하려면 반드시 저자와
  이든북 양측의 동의를 받아야 합니다.